JN040403

地域創造研究叢書
No.38

大学学部での経営教育

——「主体性」や起業をどう教えるのか?——

愛知東邦大学地域創造研究所＝編

唯学書房

本書の狙い

　大学の学生の社会的・職業的自立を目標に据えた大学学部教育については、本叢書 No.22『学生の「力」をのばす大学教育―その試みと葛藤―』（2014 年）で、既に大学教職員を対象に理論的考察や教育実践が報告されている。

　本書では、その教育実践に影響を与える産業界（経営者・人事担当者）、大学関係者（特に経営層、大学院関係者）、高等学校（以下、高校）関係者といった大学周辺の関係者との連携に焦点を当て「大学学部における経営教育―リーダーシップ、アントレプレナーシップの育成を主眼として―」をテーマに研究成果をまとめている。

　日本では大学経営、中でも私立大学の持続可能性への警鐘が鳴らされてから久しいが、2021 年に私立大学全体の定員充足率が 100％を初めて下回り（日本私立学校振興・共済事業団，2021）、警鐘を鳴らす段階から目下のところ対策案の取り組み段階に移行している。

　大学存続のための施策実施には少子化以外に考慮する点がある。第一に「大学改革」に関する大学学部教育に関する議論は、大学にとっての教育サービス提供先の学生ではなく産業界からの要請に端を発していること（第 I 部参照）である。これは高等教育機関に限らず「教育」というサービスの特殊性によるものであるが、政府や地方公共団体が住民ニーズを起点として経営変革する際との相違点だろう。

　そして政府は産業界からの要請に応え、様々な政策プログラムを用いて大学の変革を促してきた。他方、大学は学部の定員確保という至上命題を背負う中で、学生ニーズを調査しマーケティング活動する。「大学改革」の政策プログラムには確かに「既存顧客」としての各大学の学生の満足を高める施策がある（例. シラバスの公開、学生による授業評価などに基づく授業改善）ものの、これらは入学者数に影響を与える解決策とは断言し難い。さらに「大学改革」の延長線上で実施される施策の多くが、一部の大学を除いて社会科学系学部に通う学生の意欲、能力やニーズにマッチしない課題がある（第 I 部参照）。

　もちろん学生ニーズのみを盲信的に施策に反映することは産業界の要望、大学経営、そして、教育上の様々な側面から見た際に望ましくないだろう。しかし、「大学改革」という政府主導の制度変革が一区切りを迎えた現在に必要とされる現実解は、高校生と大学、または大学と産業界のそれぞれをマッチングするような魅力的

なカリキュラムを入学生に提示し、定員充足を図ることではないかと考えた。

　そこで、本書では特に産業界・政府から大学卒業人材に期待される主体性（リーダーシップ教育）やアントレプレナーシップの養成（起業教育）を「経営教育」と定義し、その学術的基盤を有する経営学・商学系学部の教育に関する実践に対する分析や歴史的分析から、将来像への示唆を描くこととした。なお、本書でのリーダーシップは近年の大学でのリーダーシップ教育に鑑み、企業の代表者や管理職に代表されるような、権限付与によるリーダーシップだけではなく、個々人の主体性の発揮をも含む概念として捉える。

　経営学・商学系学部に着眼した理由は次の通りである。経営教育は経営学・商学系学部生に限定して行われなければならない性質の教育ではない。しかし、例えば近年見受けられるリーダーシップ教育の大学全体での推進では、経営学・商学系の学部教員が推進している例が多く、実態として経営学や商学の知見や教育は経営教育の基盤である。

　また、経営学・商学系の知識のみに閉じない、他学部の知識と融合した教育実践は教育効果の向上に有効であり（第Ⅱ部参照）、近年のビジネス実務で有効なコンセプトである「デザイン思考」の理念とも一致する。すなわち、本書は経営学・商学系学部に着眼しつつも全学的なコラボレーションを念頭に置くことで、どの学部での経営教育にも参考になる点があると考えている。

　本書の構成は次の通りである。第Ⅰ部では経営学部における経営教育を取り巻く大学教職員以外の関係者として、①大学と接続する前後の教育機関（高校、大学院、企業（企業内研修））の実態と戦後からのカリキュラムの変遷、②近年の経営学・商学系統の大学生の学習 (1) 実態、③産業界の意見や意見集約に至るまでの経緯についての理解を深め、経営教育の方向性を示唆した。第Ⅱ部では、経営教育と学生間のマッチング促進を目的として、メディアを活用した学習の動機付けと、プロジェクト型授業における学習目標・成果の設定について示唆した。第Ⅲ部では、経営教育上、不可欠な産学連携先の企業の経営者、および大学経営者による大学全体のブランド構築の視点から、経営教育を行う大学が社会の一員としてどのような意義をもち得るかについて、当事者の論考を収録している。

　本書の学術上の意義は次の通りである。

　第一に経営学・商学系の大学学部での経営教育に関わる前後の教育機関（高校、大学院）、産業界、学生のニーズという三者の観点を俯瞰している点にある（第Ⅰ

部）。既存の高等教育機関での経営教育研究では、前後の教育機関との接続性に関する視点が殆ど無い。また、教育界と産業界間の対話やマッチングは近年になり高等教育機関でも重要視されるようになったが、戦後日本では経営教育の実質的な担い手は産業界であったため（第Ⅰ部参照）、その経緯の理解は有益であろう。

　第二に経営教育として経営学・商学と他学問との学融合的な教育に着眼している点にある（第Ⅱ部）。前述の通り、経営教育は経営学・商学系の大学学部生だけではなく、全学的に今日実施される傾向にあるため、経営学や商学と他学問との学融合的な教育方法の研究は今後ますます求められることであろう。

　さらに実務的な観点からは、①経営教育の中核を担う産学連携事業では中小企業との連携が重要性を帯びており、②日本の大学は新設校を中心に中小の私立大学が多数を占める状況であるから、これら当事者（産学連携する中小企業経営者、中小私立大学のブランディングの推進当事者）による論考を収録している点にも意義があるだろう（第Ⅲ部）。

　持続可能性のある大学の構築に関わるステークホルダーを中心として、本書が現状や将来像への見通しを良くするものになれば望外の喜びである。

研究助成

　本書の研究は、2022 年度（2022 年 4 月～ 2023 年 3 月）と 2023 年度（2023 年 4 月～ 2024 年 3 月）にかけて、愛知東邦大学 地域創造研究所（所長・上條憲二）の研究助成のもと、以下の研究員が実施した。カッコ内に大学名の記載のない者の所属先は愛知東邦大学。

愛知東邦大学 地域創造研究所「2022 年度共同研究助成」
　榎澤祐一（主査・経営学部 専任講師）、橘廣（副主査・人間健康学部 教授）、上條憲二（経営学部 教授）、堀健治（教育学部 教授）、大平里香（株式会社 ZINAZOL 代表取締役）、谷口正博（経営学部 准教授）

愛知東邦大学 地域創造研究所「2023 年度共同研究助成」
　堀健治（主査・教育学部 教授）、谷口正博（副主査・経営学部 准教授）、上條憲二（経営学部 教授）、大平里香（株式会社 ZINAZOL 代表取締役）、橘廣（前・愛知東邦大学 人間健康学部 教授）、榎澤祐一（嘉悦大学 経営経済学部 准教授）

謝辞

　本研究を遂行するにあたり、多大な支援を頂いた学校法人東邦学園 愛知東邦大学や株式会社イープロの皆様方、地域や企業の皆様方に深謝申し上げます。また、本書刊行にあたっては、本研究のきっかけを作って下さった嘉悦大学・河上高廣教授、本書刊行の相談に応じていただきました唯学書房・伊藤晴美様のご支援がありました。

2024 年 1 月

榎澤　祐一

【注】

(1) 大学設置基準では大学での学習を「学修」と表記しており、その理由として平成 24 年中央教育審議会答申「新たな未来を築くための大学教育の質的転換に向けて―生涯学び続け、主体的に考える力を育成する大学へ―」は、「大学での学びの本質」が授業時間とともに授業の事前・事後の「主体的な学び」を含めるからであるとしている。本書では国外の事例も参照しており、一般性をもたせるため原則「学習」と表記している。

【参考文献】
日本私立学校振興・共済事業団（2021）.「私立大学・短期大学等入学志願動向」
　https://www.shigaku.go.jp/s_center_d_shigandoukou.htm（閲覧日：2023 年 2 月 25 日）

目　　次

本書の狙い　iii

第Ⅰ部　大学での経営教育の方向性　1

第1章　戦後日本の経営教育研究のレビュー
榎澤　祐一　3
Ⅰ　はじめに　3
Ⅱ　戦後の経営教育　4
Ⅲ　大学前後の教育機関と大学経営学部での経営教育　7
Ⅳ　まとめ　17

第2章　今日の経営教育に対する産業界からの要請
榎澤　祐一　23
Ⅰ　はじめに　23
Ⅱ　大学卒業者の「資格過剰」問題と産業界　23
Ⅲ　産業界から経営教育への要請　25
Ⅳ　大学での経営教育への示唆　30
Ⅴ　本章の意義と残された課題　33

第Ⅱ部　大学での経営教育の実践　37

第3章　経営教育におけるメディア活用
谷口　正博　39
Ⅰ　はじめに　39
Ⅱ　文字の扱いについての理解　40
Ⅲ　写真、画像の補正・修正技法　43
Ⅳ　生成AI活用によるコンテンツ制作　44
Ⅴ　デザイン思考の活用　45

第4章　経営教育におけるデザイン思考の効果
榎澤　祐一・谷口　正博　51
Ⅰ　はじめに　51
Ⅱ　デザイン思考がもたらすリーダーシップに関する先行研究レビュー　52
Ⅲ　デザイン思考教授法としてのPBLの理論的枠組み　53

Ⅳ　実証研究　54

Ⅴ　結論と示唆　65

第Ⅲ部　社会における大学と経営教育　71

第5章　産学連携の実践と課題
―企業の視点から―　大平　里香　75

Ⅰ　愛知東邦大学との産学連携事業のはじまり　75

Ⅱ　商品開発の経緯　76

Ⅲ　商品開発からブランディングまで　79

Ⅳ　産学連携事業　85

Ⅴ　産学連携事業を通じての仕事づくり　89

Ⅵ　産学連携事業による新商品や販売ディスプレイ用品の開発　93

Ⅶ　課題解決型の産学連携事業の成果　97

Ⅷ　最後に　99

解説―大学側の視点から―　101

第6章　大学ブランドの構築と経営教育
上條　憲二　105

Ⅰ　はじめに　105

Ⅱ　ブランディングとは　105

Ⅲ　小規模私立大学・愛知東邦大学のブランディング実践　107

Ⅳ　小規模私立大学のブランディング推進における経営教育の要素　113

索引　119

愛知東邦大学　地域創造研究所（紹介）　121

第Ⅰ部

大学での経営教育の方向性

解題

　経営大学院の開設、大学での産学連携型授業、高校での「総合的な探究の時間」と、近年ではリーダーシップや起業と関連した教育が盛んである。その一方で、高校では不登校生徒数の割合は 2022 年度に 2％を超え（2.04％）（文部科学省，2023）、「リーダーシップを発揮して他者と協働しながら主体的に学ぶ」といった教育者が生徒に求める理想像とは逆方向に事態は進んでいる。

　しかし、戦後の日本は主体的に起業しリーダーシップを執る経営者を輩出している。また、大企業だけでなく多くの中小企業が高度成長期に創業されている。その理由として第一に当該時期の経済環境が良好であった点が挙げられるが、仮にそうであったとしても、今日よりも高等教育機関数や、その進学者数が少なかった時代に工業製品を中心とした商品開発や販路開拓などの技術を創業者はどのように取得したかという疑問は残るだろう。

　また、高度成長期から 21 世紀までの統計を基にした定量調査では、高度成長期後も日本人の企業家意欲は衰えておらず、起業動向を左右する要因は政策ではなく経済合理性（例．ある経済環境下では起業者が雇用者よりも所得が高いから起業する）とする分析結果もある（伊藤，2001）。また、同調査結果によれば日本では直感に反し世界的な IT 革命に対応して、IT 分野での起業も盛んであるという（伊藤，2001）。

　そこで第 1 章では、高校、経営大学院、大学経営学部、企業内教育といった経営教育に関係する主な教育機関での戦後の経営教育に関する研究をレビューし、その実態を概観する。それとともに、2000 年代からは産業界から教育機関への要望が頻回に提出されている。これらの多くは経営教育に関するものである。このことは

経営教育が産業界のニーズに適応していない証左であると言えるが、教育側からの視点では、その要望と教育現場のマッチングの困難性も浮き彫りにされる。

　つまり、経営教育に関する言説を包括的にレビューし、経営学・商学系統の学部だけでなく、大学としてどのような教育の選択肢があり得るかを考察するのが第Ⅰ部の目的である。

【参考文献】
文部科学省（2023）.「児童生徒の問題行動・不登校等生徒指導上の諸課題に関する調査」 https://www.mext.go.jp/a_menu/shotou/seitoshidou/1302902.htm（閲覧日：2023 年 12 月 4 日）
伊藤正憲（2001）.「日本の開業動向をどうみるか」『現代社会研究』 *1*, 81-92.

第1章　戦後日本の経営教育研究のレビュー

榎澤 祐一

I　はじめに

　経営教育は企業の経営成果向上を目的とするものであり、その対象は組織メンバー、中でも管理者や経営者を対象とする。今日の日本では起業も重要視されていることから、本稿では起業教育も経営教育の範疇に含めて論じる。また、これらと対置する意味を込めて経営学理論の教授を目的とする教育を「経営学教育」と記述する。

　日本で実施されてきた経営教育の定義は様々にあるが、本稿では政府や産業界が強く要請している分野として、リーダーシップを主眼に置くマネジメント教育と起業教育がある。これら2つの教育は戦後に本格的に始まったものであるが、同一の経緯を辿っていない。また、教育の担い手は本章で議論する大学の経営学・商学系学部の他、その前段階として高校、後段階としてビジネススクール（MBA）や企業内研修がある。さらに大学での経営教育が、その時点での教育終了を意味する「完成教育」か、学習者のその後の教育を前提とした「継続教育」であるかは学習者の立場により異なる。日本では経営教育が企業内研修を中心に実施され、就業者には大学院でのリカレント教育が政府により推奨される現状を踏まえ、本章では大学での経営教育は継続教育と位置づけて以下の論を進める。

　今日、多くの大学が経営学部を擁する。商学部と称する場合もあるがカリキュラムについて際立った経営学部との弁別性を見出すことは難しい (1)。学部の科目には「経営教育」に該当する科目と「経営学教育」に該当する科目があり、これらの科目が混在して同一学部に存在する事例は珍しくはない。例えば、実務者教員による実践知の教示を中心とした科目「マーケティング論」と、研究理論の教示を中心とした科目「マーケティング論」が併存している場合、学習者は前者を「経営教育」、後者を「経営学教育」と推定する可能性はあり得るが、その弁別性を明確に

してカリキュラムを設定している例は稀有だろう。また、理論を教授するためにビジネスゲームを用いる例は多いが、ビジネスゲームは経営教育で用いられていたものである。さらに経営学・商学系大学院では経営学理論の探求を目的とした修士課程と、高度実務家の養成を目的とした専門職修士課程に分離した大学院制度がある。これらは制度的にも実質的にも性格が異なるものの専門職大学院制度が成立する前から経営教育への志向性を有する大学院は存在した[2]。

　このように大学での経営教育と経営学教育の弁別性は不明確であるが、産業界からは経営学部だけでなく大学全体に対してキャリア教育の一環として産業界に資する学生の輩出が求められている。そこで、大学学部が担うことが妥当と考えられる経営教育上の目標とその内容について論じるにあたり、戦後日本における大学学部だけでなく大学前後の教育機関（高校や大学院）および、企業内での経営教育に関する研究をレビューする。

Ⅱ　戦後の経営教育

1　マネジメント教育の経緯

　戦後日本でのマネジメント教育を一言でいうと、戦後一貫して企業内教育が主流を占めていた。これらは終戦後、アメリカ占領軍による指導を受けて政府が指導した点に特徴がある（山崎, 2016）。管理監督者向けの教育訓練として労働省はTWI（Training Within Industry）を、通商産業省はMTP（Management Training Program）を導入した。TWIは監督者、中でも工場の職長を想定した「仕事の教え方」、「改善の仕方」、「人の問題の扱い方」を訓練する（日本産業訓練協会, n.d.）。MTPはアメリカ軍の管理者育成プログラムを源流としており、産業・職種・職階を問わず管理者を対象にマネジメント能力を訓練する。日本の労働慣行に即した1983年発刊のMTPの概説書（鍵山・太田, 1983）では、TWIを「短期雇用を基本とするアメリカのマネジメント・ノウハウのひとつ」（鍵山・太田, 1983, p. 236）、MTPを「アメリカ式の管理ノウハウ」（鍵山・太田, 1983, p. 249）としている。これら訓練方法には合理化や標準化の技法が含まれるが人的管理を重視しており、今日でいうとマネジメントに傾注した内容であった（山崎, 2016）。

　これらの訓練手法は今日でも一部で続いているものであり、MTPは通商産業省から1955年に設立された日本産業訓練協会に移管され（日本産業訓練協会, n.d.）、

TWIは職業能力開発促進法に基づいて設立された機関である職業能力開発協会や、研修企業をはじめとした様々な組織で実施されている。

そして、これらの訓練技法は戦後において企業だけでなく受講者からの評判が良かった（山崎，2016）。その背景として①（公職追放などにより戦前に経営者・管理者だった者が減少し）組織階層がアメリカに比べて「フラット」である日本に合わせて訓練内容が修正されていること（山崎，2016）、②同じ産業内での企業間競争を前提としており、低コストで大量生産するという当時の日本企業の課題に適合していたこと、③戦後改革による経営層の交代により経営者の経験が不足し（山崎，2016）、マネージャー教育への関心が高まっていたことが挙げられる。さらに1950年代には今日、日本企業における社内教育の特徴として認識されているOJT（on-the-job-training）を重視した内容に変更されている（山崎，2016）。そのひとつが1951年に人事院がTWIやMTPを基に作成したJST（Jinjiin Supervisor Training）であり、官公庁だけでなく民間企業にも普及した（谷内，2002）[(3)]。

他方、戦後以降のアメリカでは他国との産業上、競争する必要性が低下しており、これらの訓練方法は次第に顧みられなくなっていた（山崎，2016）。そして、MBAなどの外部教育がマネジメント教育の役割を代替することになる[(4)]。

日本では1958年に坂本藤良著『経営学入門』が出版されたのを機に「経営学ブーム」が生じ（齊藤，2014）、日本の大学は経営学部の設立や商学部から経営学部への転換を推進した。しかし、既にマネジメント教育については社内教育による訓練法が成果を挙げていたため、大学に対して経営教育を期待する動きは産業界・政府ともに無く、また大学として自発的に経営教育を推進する動きも無かったと考えられる。この傾向は現在も同様であり、逆に大学から産業界に貢献する意識も希薄であるという指摘がある（鈴木・坂本・柴田，2021）。大学の経営学部や商学部では経営学としての理論教育を推進していった（山崎，2016）。

大学での経営教育が進展しなかった理由としては産業界内での経営教育により高等教育機関への期待が乏しかった点の他にも、経営学部の大学教員の見解として日本の経営学教育の理論志向性が挙げられている（齊藤，2014）。そして、その原因は経営学説における管理者の行動に焦点を当てた管理過程論の衰退と、バーナード＝サイモン理論に代表される行動科学的意思決定論の台頭にあるという（齊藤，2014）。主に経営者や管理者を中心に構築された初期経営学の管理過程論は経営効率の向上など業績向上に眼目があるのに対し、バーナード＝サイモン理論は行動科

学として人間行動、中でも意思決定のメカニズムの分析に主眼を置く [5]。経営業
績の向上ではなく現象の分析に主眼を置く場合、教育内容に実践性を込めることは
困難になるだろう。

2　起業教育の経緯

　戦後日本の起業教育については川名（2014）に詳しい。鹿住（1995）によれば中
小企業経営者の内、創業者の動機付けは低学歴、地方出身、ハングリー精神などで
あり、学歴との関連性は希薄である。また、高橋（2005）も起業家になる人の資質
については回答が困難であるとしている。

　このような状況にあって戦後日本での起業教育を担った存在は工業高校である
と川名（2014）は指摘する。高校関係者や起業者へのヒアリングによると1960～
1970年代にかけては工業高校の教員不足に伴い、民間企業出身者や地元の中小企
業経営者を教員として招聘する機会が増えて、これら起業家がロールモデルになり
人脈が学生にもたらされた（川名, 2014）。そして工業高校では電気や機械など当時
の日本の成長産業を支える専門的技能を指導していたため、起業するために必要な
競争力のあるビジネス基盤を生徒が身に付けられた（川名, 2014）。また、卒業後は
同窓生のネットワークなど地域社会での社会的資本（social capital）が技術開拓や
販路開拓に大きな役割を担った（川名, 2014）。

　1990年代から日本の大学や大学院では起業教育が実施されてきたが、その内容
は起業そのものではなく、会計やマーケティングなど起業に関連する専門的技法の
習得に傾斜しているため、起業家の輩出が困難であると川名（2014）は示唆する。

　小括すると、日本の大学を含む高等教育機関では1980年代中盤から起業教育が
行われているが、それらは起業の手段としての専門的技法の習得に留まっており、
教育目標として当初掲げられていた起業という成果には結びつきにくい。1960～
1970年代の工業高校が当時の産業状況とあいまって卒業後の生徒の起業実践に直
結していた点を確認した。

　それでは今日の大学および、その前後の教育機関である高校とMBAでの経営教
育はいかなるものであるだろうか。次節では大学の経営学部との履修科目の共通性
や接続性が高い商業高校の戦後の変遷を俯瞰した上で、普通科での経営教育につい
ても確認する。

Ⅲ　大学前後の教育機関と大学経営学部での経営教育

1　商業高校での経営教育

　日本の商業高校での経営教育に関する学術研究は乏しく、番場（2010）が唯一と言って良い。商業高校の履修科目は、大学の経営学部の履修科目との共通性はあるものの、その起源において性格が大きく異なっており、それが商業高校の現状に影響を及ぼしているだろう。すなわち、最初の1950年の商業科の学習指導要領では事務労働に関わる実務・実践面が重視された。そこでは企業規模を問わない全産業での事務職におけるオペレーション能力の養成が想定されており、戦前の工業教育重視の反動から商業事務への注視があったと考えられている（番場，2010）。

　1965年には日本経営者団体連盟が「後期中等教育に対する要望」により高校での学習の多様化を要請した（広瀬，1985）。高校進学率の伸長に伴い、企業はスキル習得のために入社後にOJTを要する中学校卒業者よりも、あらかじめ企業にとって有効なスキルを身に付けた高校卒業者の採用を希望し（番場，2010）、それに呼応して1968年から文部省は職業学科の中に専門分野に特化した商業科、経理科、事務科、情報処理科、秘書科、営業科、貿易科から構成される小学科の設置を認めることになった。

　この政策は当初は有効であったが、その後の1970年代の低成長時代において製造業での雇用調整や小売店をはじめとした産業合理化により、余剰人員が発生すると時代環境に次第に適応できなくなっていった（番場，2010）。人員合理化の下で企業は将来の部署異動を前提とした総合職採用を推進した。専門化されたスキルは総合職での採用においてむしろ不利になる。また、1975年に専修学校設置基準が制定された結果、職業教育を担う教育機関として社会の高学歴化に対応した専修学校が出現した。そして商業高校は当時、結婚までの短期間就労を前提とした女子の受け皿として「女子校化」が進展していった（番場，2010）。

　このような時代背景の下、1976年の教育課程審議会は職業に関する学科について過度な専門分化をしないよう答申した（文部省，1979）。そして1978年の学習指導要領では実際的・体験的な学習の重視と教育課程の弾力化の2点を柱に科目の絞り込みをはじめとする科目再編が実施された（番場，2010）。

　ただし、これらの政策は奏功せず商業高校に限らず職業高校では卒業しても就職が困難であったり、生徒の学力低下により「教育困難校」が出現したりする状況が

見受けられた（服部，2007）。職業高校は従来、地元企業との提携により企業の労働力供給源として機能し、就職の確度の高さが高校のブランドとして生徒の誘引力にもなっていたが次第に崩壊していったのである。商業高校は新制高校発足時点で想定された事務職の養成機関から、学力の問題により「普通科高校に進学できない生徒の受け入れ先」（番場，2010，p. 86）に変質し、生徒数の減少の一途を辿ることになった。

　1990年代には小売業の衰退とそれに伴う労働慣行の影響を受けて商業高校の衰退に拍車がかかることになる。その影響について番場（2010）は1990年に実施された大規模小売店舗の出店規制緩和により小売業の競争が激化した結果、業務の合理化の一環として商業労働の標準化・平準化が進んだ点を挙げる。しかし、小売店を取扱商品別に見ていくと、商店数が頂点を迎えた年は「菓子・パン」の1956年を皮切りに「医薬品・化粧品」の1991年まで多様であり（田村，2008）、規制緩和以前の1980年代から既に衰退基調に転じた業種が多い。そして、零細小売商の衰退に関する実証研究によると、衰退は市場成長率と生産性の組み合わせが一定水準を下回った小売業種で生じることが示唆されている（田村，2008）。つまり、規制緩和だけでなく高度経済成長の終焉や、総合スーパーなど他の小売商との競争下での生産性の低さにより、商業科卒業生の雇用の受け皿としての零細小売商が衰退した。一方、大規模小売業での商業労働では本部機能では高度な知識を必要とするものの、高校商業科の卒業生が配属される各店舗単位では知識や技能を殆ど必要とせず、これらの労働はパートタイマーなどの非正規労働者によって支えられる傾向も進んだ。

　そして、従来は商業高校卒業者が就いていた職に専門学校卒業者や大学卒業者が就職するという「学歴代替雇用」が盛んになったのも1990年代からである（風間，2007）。

　1982年度と2022年度の大学進学率を学科別（普通科、農業科、工業科、商業科）に比較すると、どの学科も増加しているものの商業科で突出して増加していることが分かる（表1-1）。農業科や工業科といった他の専門学科と比較しても商業科の増加が著しい。また、大学卒業者の25～34歳時点の職業を出生コホート別に分析した研究（古田，2018）では、1931～1940年生まれでは大学卒業者と高校卒業者が同程度の比率で事務職に就業していたが、1981～1990年生まれでは高校卒業者の事務職への就業比率が激減した。一方、大学卒業者の事務職への就業比率は横ば

表1-1　1982年度と2022年度の高校学科別の大学進学率　単位：%

	全体		男		女	
学科	1982年度	2022年度	1982年度	2022年度	1982年度	2022年度
普通科	25.5	69.1	36.9	69.0	14.7	69.1
農業科	2.7	16.2	3.9	15.4	0.2	17.1
工業科	6.8	16.8	7.0	16.3	1.3	21.2
商業科	3.1	30.4	9.2	37.3	0.4	26.3

出所：文部科学省（n.d.）「学校基本調査」を基に筆者作成

いである（古田，2018）。これらのデータから高校商業科の一部の卒業者は事務職への就職が難しくなり、大学進学するようになったと解釈できるだろう。

　なお、オフィスのIT化などに伴う事務職の課業の高度化への対応も大学進学率増加の他の要因として想定され得る。しかし、今日の商業科の学習指導要領は1970年の改訂で情報処理科目を設置するなどの対応を継続的にしている。商業高校の教育が進化する事務職の課業に対応できていなかったために、大学進学が必要になったという仮説は棄却されるだろう。

　1990年代から始まる商業高校の生徒の大学進学率増加の初期では、一部のブランド力のある商業高校を中心に、就職先企業との関係維持と大学進学を希望する生徒への対応とを両立させていた（番場，2010）。

　2000年以降になると私立を中心とした大学・短期大学の学部・学科の増設と少子化が同時進行で生じ大学間の競争が激化した。特に非ブランド大学はAO入試や推薦入試を拡大して多くの商業高校と提携し、商業高校での履修科目と共通する科目を擁する経営学部・商学部を中心に、定員充足のための基盤として商業高校の生徒に注目するようになった（番場，2010）。商業高校の生徒は平均的に普通科の生徒との相対的な学力格差がある他、商業高校では大学の一般入試の試験科目とされることが多い国語、英語、数学などの学習時間が普通科と比較して少ないため、一般入試上不利になる（鹿嶋，1991）。この状況により大学側だけでなく生徒側のニーズの面からも、非ブランド大学に商業高校卒業生が進学する傾向は強まったと言えよう。また、1970年代半ば以降の商業高校の「女子校化」の時代と比較し、現代の商業高校では大学進学率が高い男子の比率が回復してきている点も見逃せないだろう。1982年度は30.4％であった商業科の男子比率は、2022年度には37.3％に増加している。今日では商業科の生徒のみが非ブランド大学の進学者ではなく普通科

にも多いが、①市場スラック（市場の余剰）の減少に伴う零細小売商を中心とした
高卒者の雇用受け皿の減少、②学歴代替雇用の進展に伴う、学歴と職業の対応関係
の崩壊に対応するための大学進学率上昇、③その受け皿としての非ブランド大学の
存在という大きな構造に変わりはないだろう。

2　高校普通科での経営教育

　高校普通科における経営教育について論じた調査報告書として、約20年前の資
料ではあるが日本学術会議（2005）による中等教育への提案書がある。同提案書は
会計学や商学を含む広義の経営学の大学教員によるものであり、大学教員の他に文
部科学省職員、高校教員のそれぞれの考察を参照して議論が進められている。同書
での経営教育の定義は明らかにされておらず本論における経営学教育、就業意識の
向上としてのキャリア教育から起業教育に至るまで広義に捉えており、高校普通科
の公民科、中でも「現代社会」や「政治経済」での経営教育の現状分析と提言を論
じている。

　同書によると現在の公民科の教科書では、経営教育に関する内容として企業経営
や組織のマネジメントに関する記述が少ない（日本学術会議，2005）。その理由とし
て、企業内部の仕組みに関するミクロ経済学に関する内容は中学校、一国の経済の
仕組みに関するマクロ経済学に関する内容は高校で学習することから、高校ではミ
クロ経済学に属する経営教育に関する教育は殆ど行われず、これらの視点も「経営
学」的視点がなく「経済学」的視点に限定されること（日本学術会議，2005）が指
摘されている。また、起業教育の一端としてビジネスプラン作成が「総合的な学習
（探究）の時間」で実施されているに留まる。

　さらにビジネスプラン作成の授業実践を行っている高校教員の考察によると、
ビジネスプラン作成における現実感の不足が課題となっており（日本学術会議，
2005）、これは会計やマーケティングなどのビジネスプラン作成に必要な基礎知識
が生徒に不足している中で教育せざるを得ない点（日本学術会議，2005）に加え、
教員自身にもビジネスに関する知識・経験が不十分だからであるとも推察される。
もっとも知識・経験不足の対策について同書では、経営知識のある教員採用をする
ため経営学部で社会科科目の教員免許を取得しやすくすべき点、教員側の経験不足
への対策として外部講師の導入を提言している（日本学術会議，2005）。

　また、高校の公民科教科書への批判としては「企業」に関する概念の捉え方が狭

いため、①企業における利潤獲得の過度な強調、②資本家と労働者の二項対立的視点、③企業組織のメンバーの役割が商品開発、ICT など今日重要とされる業務への言及が無く生産・流通中心である点が指摘されている（日本学術会議，2005）。そして、このように利潤獲得に邁進する自己中心的存在としての企業像を学ぶことにより、生徒の企業観や企業でのキャリア構築がネガティブなものになる恐れがある。

　小括すると、普通科高校での経営教育は起業教育の一端としてのビジネスプラン作成が総合的な学習の時間で実践される場合もある。しかし、高校の公民科では経済学による分析、しかもマクロ経済学的な分析が主眼であり、リーダーシップや起業につながる教育は殆どされていない。

　なお、2022 年から高校の必修科目となった科目「公共」の学習指導要領では、リーダーシップや起業意識に関わる記述が見られ（文部科学省，2018a）、日本学術会議（2005）で指摘されていた問題意識を解消する方向性が実現されつつある。リーダーシップに関わる記述としては、他者との協働により国家・社会などの活動に参画する上で様々な意見を調整する意義を生徒に理解させるような教授方法を次のように教員に要請している。

　　例えば、現実社会の事柄や、実際に生じている課題を取り上げ、根拠のある様々な意見を調整して集団として合意形成したり意思決定したりすることの大切さを理解できるようにし、その理由を考察する（文部科学省，2018a，p. 41）。

　また、企業や起業についてはその意義の理解を教授するよう次の記述がある。

　　社会に必要な起業によって、革新的な技術などが市場に持ち込まれ経済成長が促進されるとともに、新たな雇用を創出するなど経済的に大きな役割を果たしている企業もあることを理解できるようにすることが考えられる（文部科学省，2018a，p. 68）。

　これらはリーダーシップ養成や起業教育に直接つながる内容ではなく、科目「公共」のわずかな部分に過ぎない。しかし、リーダーシップや起業の有効性に関する価値観の醸成は、高校普通科の生徒が経営教育を将来受ける上で有効だろう。

3　大学院での経営教育—MBA を中心として—

　次に大学の後段階にある大学院での経営教育を俯瞰する。経営学・商学系の研究者を目指す者への教育を除外すると、大学院での経営教育は MBA（Master of Business Administration）が該当する。MBA の明確な定義はないが、経営学や商学研究者の養成ではなく経営教育への志向性を有する大学院教育と定義したとき、日本で最初に MBA が設立されたのは慶應義塾大学大学院である（慶應義塾大学大学院総合管理研究科，n.d.）。しかし、その後、日本国内で MBA と標榜する高等教育機関の設立が盛んになったのは今世紀になってからである。

　MBA での教育実態に関する研究も乏しいが、MBA の発祥の地であり今でも盛んなアメリカでの MBA への経営学研究者・ミンツバーグの批判と、日本でのMBA を含む経営学大学院全体への批判として経営学関連の大学教員による日本学術会議の提言（日本学術会議，2020）をレビューする。

　ミンツバーグによるとマネジメントとリーダーシップは表裏一体のものであり、リーダーシップ概念をマネジメントという言葉に内包している。そして、ミンツバーグによる MBA への批判を分類すると①教育内容、②産業界への悪影響、③入学者の資質、④教育方法に大別される。教育内容に関しては、会計や狭義のマーケティング技法（例. リサーチ手法）などの専門的なビジネス技法に偏向しており、マネジメントを学ぶ機会が極めて少ない点を挙げている（Mintzberg, 2005）。また、ミンツバーグによると経営実践ではアート（直観・創造性）、クラフト（経験）、サイエンス（分析）の三位一体が必要であるにもかかわらず、教育内容がサイエンスに著しく傾斜している点を欠陥として指摘する（Mintzberg, 2005）。

　産業界への悪影響や入学者の資質に関しては、アメリカの MBA 修了者は社内で早期に昇進できる慣習により、個人主義的・自己中心的な人物が入学を希望する傾向がある（Mintzberg, 2005）。これにより教育内容による影響と相まって修了者は量的分析でしか意思決定できない「計算型マネージャー」か、量的分析と中途半端なアートに頼った「ヒーロー型マネージャー」のいずれかに陥りがちであるという（Mintzberg, 2005）。その上で、企業や公的組織を含めた望ましくないリーダーと、実際に生じた悪影響の例（例. 修了生が参画したベトナム戦争での意思決定の失敗、修了生が CEO に就任した企業業績の低下）を列挙し、当時の米国企業の CEO に MBA修了者は少なく、その多くの進路はマネジメントをあまり必要としないスモールビジネスの経営者かコンサルタントである点を指摘しており、起業促進上の MBA の

効果は小さいと示唆する（Mintzberg, 2005）。

　さらに MBA での教育方法として、日本でもビジネススクールが宣伝材料とすることが多いケースメソッドによる教育への偏向についても批判は及ぶ。ケースメソッドの教材では主に経営者の視点が記述される。その記述は文章で示されるため言語化可能な範囲に限られ、経営実践の際に必要な観察や直感の育成は捨象される（Mintzberg, 2005）。また、ケースメソッド授業での討議の流れは教員により計画されたものであり、授業の「場」における学生の討論のスキルにより成績評価が左右されるという問題点を指摘している（Mintzberg, 2005）。ケースメソッド導入上の成績評価の困難性については日本の経営学・商学系の大学教育でも同様の指摘がある（坂田, 2022）。

　これらの分析を基にミンツバーグはマネジメント教育を受けるためにはマネジメント経験が必要であり、入学者については一定のマネジメント経験のある中堅マネージャーの中から、学力や学歴ではなくマネジメント力を基に社内選抜することを提案している（Mintzberg, 2005）。教育内容については講義、ケースメソッド、フィールドワークをバランスよく実施し、教育方法については教員が学生の討議のファシリテーターに徹するべきである点を強調しており、今日の我が国の大学教育における FD（faculty development）と通じる内容である。

　ミンツバーグの MBA 批判は特に大企業のマネジメント層育成での観点で展開されているが、代替案として提案する教育方法については起業家、中小企業のマネージャーなどの「一匹オオカミ」型の者も対象となり得るとしている（Mintzberg, 2005）。また、経営教育への提案をする中で、日本での経営教育には高評価を下している。その理由として、日本の大学では経営教育を経営学としての理論教育に留めており、新卒一括採用後の部署異動や社内研修制度がマネジメント教育を担っている点を挙げている（Mintzberg, 2005）。

　日本の大学の経営教育を基にミンツバーグは米国における大学学部教育の提案として基礎的学問分野（心理学、経済学、数学など）の教育の推進を主張している。その理由として経営学系統の学生と比較し、リベラルアーツ出身者の昇進スピードが早いというアメリカ国内のデータを示し、専攻分野のテーマが抽象的であるほど実用的な分野で役立つ推論能力が高まると結論づけている（Mintzberg, 2005）。

　ミンツバーグのアメリカの MBA 批判は、それを模倣する現代日本の MBA 教育にも通じる点は多い。しかし、日本に対する評価はミンツバーグの研究当時から社

会環境が変化しており、いくつかの前提を差し引いて考える必要があるだろう。第一に日本の雇用環境は新卒採用時から部署別・職種別採用を行うケースが多くなってきているため、今後は大手企業であっても部署異動の機会が減少していく可能性がある。第二に入学者の資質についてミンツバーグはマネジメント経験がない者をマネジメント教育することは難しいとしているが、MBA 進学者が限られる日本では、その前に大学院進学者の拡大が必要だろう。なぜなら、経営学系統に限らず社会人（30 歳以上の者）における日本の大学院（修士、専門職）進学者数は約 2 万 5,000 人（2017 年）（文部科学省，2018b）であり、全正規就業者 3,423 万人（2017 年）（総務省統計局，2018）の 0.07% に留まるからである [6]。

　次に日本学術会議（2020）による経営学大学院への提言を俯瞰する。これは教育の質保証と学位の国際通用性の確立を目的とした提言である。また、ここで想定される学生は実務の高度化を目指す者だけでなく、経営学研究者の志望者も含まれるが、修了者の産業界での活躍に眼目がある。同会議の組織体としての性質から、批判や提言は文教政策や企業社会に向けられているが、大学院自体に対する提言もある。

　問題点の指摘は大別して制度面と教育面に分けられる。制度面については①経営大学院の位置づけの曖昧さ、②大学の認証評価制度と企業内の人事制度が国際的な視点で乖離している点を挙げている（日本学術会議，2020）。大学院の位置づけの曖昧さについては専門職大学院の出現以前に設立された既存大学院の中にも実学志向の大学院があり、これらの多くが専門職大学院への移行にメリットがないと考えたから移行せず、今日まで両者が併存している点を指摘する（日本学術会議，2020）。認証評価制度においては、国際基準や国際的枠組みが定まっていないことにより、国内の認証評価が文部科学省による大学院設置基準への適合性検証に留まり、教育研究の質向上や質保証の視点での評価が脆弱である点を指摘する（日本学術会議，2020）。また、日本の企業における人事制度は国際的に見たときに相対的に人材の流動性に対応しておらず、MBA 修了者の能力評価や活用が不十分であると指摘する（日本学術会議，2020）。

　他方の教育面については欧米と比較して日本の大学院が 1 人の指導教員のもとで指導を受けるスタイルが主流であり、人的・財政的に脆弱であることから、教育目標やそれに応じた教育プログラムの開発を進めてこなかったと批判している（日本学術会議，2020）。

　そして、これらの問題点をもとにした提言としては、①大学院制度と認証評価制度の見直し、②企業における経営大学院の活用の検討、③企業社会で有効な教育目標や教育プログラムの開発とそれを担う教員の確保を示唆する（日本学術会議, 2020）。

　文教政策や企業社会への要望を除けば、日本学術会議（2020）において大学院教員自身が指摘する日本のMBAの問題点は、ミンツバーグの批判と同様に企業社会の実態に即した教育目標や教育カリキュラムの欠如にあるといえよう。

4　大学経営学部

　先に非ブランド大学の経営学部・商学部が商業高校の卒業生を入学者として受け入れるメカニズムを描写したが、大学の経営学部に関する教育研究は乏しい。数少ない先行研究例の中でも経営学教育を関心の中心軸に据えつつ、社会科学系学部の実態調査の結果を分析した竹中（2009）がある。同研究では、高等教育に関する学生側の主要意識調査（ベネッセ教育研究開発センター, 2008; ベネッセ教育総合研究所, 2006; 中央教育審議会, 2008; 私立大学情報教育協会, 2008）を基に大学経営学部の教育を分析している。

　竹中（2009）は、社会科学系統の学生における専門科目の授業への満足度が他学部と比較して低い点を指摘した上で、その要因は「専門的な学問を学びたい」という目的意識が明確な学生が少ないためであるとし、かつ、専門科目で重要と考えている能力や態度の定着度も低いと指摘している。

　実際、経営学部を対象に初年次教育の課題と授業を考察した鈴木・坂本・柴田（2021）は日本で高校卒業直後に経営学部に入学する学生の大半は経営学に関心をもつ者ではなく、入学直後からの経営学理論の学習が困難であるとしている。また、経営系学問分野の高等教育機関としては理系学部や技術者養成を目的とした高等専門学校での経営工学を中心としたコースもあるが、高等専門学校の学生を対象とした調査によると、2年次以上の学生において、1年次で学習した経営に関する基礎的な概念の説明を求めると困難な状況が見受けられる（挟間ら, 2013）。つまり、文理どちらの系統においても、高等教育機関における経営学系統への入学者の学習困難性が認められる。

　そのため、初年次教育としては学生に経営学の内容を教育するのではなく、経営学に興味をもってもらうための事例を中心としたテキストや授業設計が有効である

表 1-2　大学生活を通して身についたこと　単位：%

大学生活を通して身についたこと	全体（2008 年）	社会科学系統学部 （2008 年）	全体（2021 年）
人と協力しながらものごとを進める	67.1	65.3	69.2
自ら先頭に立って行動し、グループをまとめる	37.0	36.9	48.2
異なる意見や立場をふまえて、考えをまとめる	64.5	65.4	69.9
既存の枠にとらわれず、新しい発想やアイデア（ママ）を出す	48.3	48.4	60.9
社会の規範やルールにしたがって行動する	73.3	72.8	調査なし

出所：ベネッセ教育研究開発センター（2009）p. 103；ベネッセ教育総合研究所（2022）p. 26 より抜粋

と示唆している（鈴木・坂本・柴田，2021）。ウェブ調査やインタビュー調査の結果でも、複数の大学で概ね同様に実践されていることが見て取れる（鈴木・坂本・柴田，2021）。

　文理を問わず全学部の大学生を対象とした「専攻への適応度」についての調査では、高適応群の比率が最も少なく低適応群の比率が最も高い学部は経済・商学部である（日本学術会議，2005）。この調査では経営学部のみの分類は無く、経済学部と商学部を同一カテゴリーとして調査しているが、全学部の中で経営関連学部の学生が学問への興味関心のみならず、学習への適応が困難な状況を示唆している。

　また、同研究が参照するベネッセ教育研究開発センター（2008）によると、学生の自己評価としてビジネスと関連する能力に関する大学での学習成果は、全学部と比較し社会科学系統の学生は同程度以下である（表 1-2）。ただし、2021 年の調査では学部別の数値は非公表であるものの全学部として大部分の項目で数値が上昇しており、2008 年時と状況変化が生じている可能性もある。

　さらに、大学全学部の傾向として 2008 年から 2021 年にかけての回答の全体的な変動傾向を挙げれば①単位取得については「あまり興味がなくても、単位を楽にとれる授業がよい」という回答が 48.9% から 63.3% に、②授業の選好については「応用・発展的内容は少ないが、基礎・基本が中心の授業がよい」という回答が 72.9% から 78.9% に増加しているのに対し、③「教員が知識・技術を教える講義形式の授業が多いほうがよい」という回答は 82.0% から 79.5% と微減に留まる点が特筆される。つまり、全体的に単位が取りやすく、演習形式よりも受動的に授業に参

加する講義形式で基本的な知識・技術を教授される授業を望む学生が増加しつつあると言える。

　この現象の背景には、大学学部進学率（大学（学部）入学者数／18歳人口（3年前の中学校卒業者及び中等教育学校前期課程修了者数））が2008年の49.1％から2019年には53.7％に増加しているため（文部科学省，n.d.）、大学のユニバーサル化により大学入学者に占める学習意欲が低い学生の割合が高まったためと考えられる。また、制度による影響として2007年の大学設置基準改正の影響が等閑視できないだろう。すなわち、同改正による単位取得基準の厳格化 [7] により単位取得が困難になったため、学生が容易に単位取得できる科目の履修を望むようになった恐れがある。さらに大学や大学教員が退学率を抑制すべく学生の単位取得を手助けせざるを得なくなったため、初年次教育の充実化を図り学生の学習だけでなく生活面もサポートするようになったことは、この傾向に拍車をかけている恐れがある。

Ⅳ　まとめ

　戦後から2010年代前後にかけて、大学での経営教育は重要視されていなかった。それはマネジメント教育においては戦後直後に政府主導で推進したマネージャーを対象とした企業内教育が、起業教育においては高度成長期に地域の経営者の関与により工業高校での教育が一定の成果を収めていたからだと考えられる。そして、大学の中でも経営教育に最も近接した学部としての経営学・商学系学部では、行動科学としての経営学を推進する潮流の中で、分析を主体とした教育が続けられており、実践性を重視する動きは乏しかった。大学学部の次の教育機関としての経営大学院についても、日本では進学率が極めて低く、企業社会の実態に即した教育目標や教育カリキュラムが不足していることが指摘されている。

　一方、教育を受ける立場の学習者に視点を転じても、経営学・商学系の学部が含まれる社会科学系統の学部学生に対する調査では、ビジネスと関連する能力の学習成果は他学部と比較して低いことが明らかにされている。また、経営学部の学生を対象とした研究では、経営学への興味関心の低さや経営学の理論習得が困難であると報告している。

　以上が戦後における経営教育やそれによって養成される能力についての大要である。つまり、戦後日本の経営教育においては、企業内教育や高度成長期の工業高校

を除き、教育成果に乏しく、学習者側においても他学部と比較して意欲・学力とも低いという、極めて厳しい状況が描写される。

　これらの課題解決のための喫緊の方策としては、教育組織の立場においては従来の経営教育法とは抜本的に異なるアプローチを模索し、対象とする学習者については経営学・商学系学部の学生だけを対象とせず、学部の壁を超えた対象を想定することが必要と言えよう。第 2 章では、戦後、産業界から教育界に提出された経営教育への要望やその背景を分析した上で、課題解決のための大枠の方向性を示唆する。

【注】
(1) 第 2 次世界大戦以前、日本には実務技術を中心としたドイツ商業学を中心に教育研究する各種学校が存在しており、これが今日の商学部の源流である（日本学術会議, 1997）。しかし、後にドイツ商業学が科学化を志向し経営学に移行するのと併せて経営学系統の教育研究が独立し、残った部分とアメリカを中心としたマーケティング関連の研究分野が合流して今日の商学部の中核をなすようになった（日本学術会議, 1997）。しかし、今日では商学部と経営学部双方が他方の科目を包含することが多く、カリキュラム上は両者の差異が小さくなっている。

(2) 専門職修士の学位が得られる大学院は専門職大学院であり、専門職大学院は 5 年以上の実務経験や実務能力をもつ「実務家教員」が、専任教員の 3 割以上（法科大学院は 2 割以上、教職大学院は 4 割以上）を占めるものと定められている。経営分野の専門職大学院の場合は、実務家教員として企業の役員経験者が就任する事例が多い。

　また、2003 年の専門職大学院設置基準によって専門職大学院が制度化される前から、経営学系統の大学院は経営教育を志向していた。その例として 1989 年の神戸大学 MBA では、設立経緯として、企業で働く人を対象にしたカリキュラムを作ることにした旨を明言している（神戸大学, n.d.）。

(3) なお、その後の企業内教育の経緯はマネジメント教育よりも、個人または小集団での能力向上に重点が置かれ今日に至る。個人の能力向上については、高度成長期には 1963 年の産業計画会議での創造的人材の育成への言及、1966 年の日本経営者団体連盟での能力主義管理研究会の設置など、今日の経営上の課題とされる創造性や能力主義が注目され、創造性発揮の手法としてブレーンストーミングや KJ 法などが提唱された（谷内, 2002）。そして、これらの背景には若年労働力の不足、技術革新に伴う量から質への転換（谷内, 2002）があり今日的な課題と共通点がある。小集団での能力発揮については、1970 年代の低成長時代を背景として品質向上を目的とした QC（Quality Control）サークル、欠点の消滅を目指す ZD（Zero Defect）運動など、今日でも知られる訓練手法が提唱された（谷内, 2002）。

(4) ただし、アメリカでは大学内のプレースメントオフィス（placement office）の紹介

により、大学卒業予定者を対象とした採用活動に応じて就職する学生は入社後に OJT
と研修による訓練を受ける（関口，2014）。プレースメントオフィスからの紹介で就
職する大学生の割合については卒業生の1～5割と研究者間の見解は幅広い（関口，
2014）。日本の新卒一括採用との相違点は①多くの企業が経営者候補の獲得を目的と
したエリート性の高い採用である点（関口，2014）、②就職は企業と提携関係を構築
したプレースメントオフィスからの紹介によるものであるため学生は自由に入社試験
を受ける企業を選択できない点が挙げられる。なお、経営者候補の獲得はプレースメ
ントオフィス経由での採用を行う企業であっても、経験者採用のルートも併用しなが
ら、採用の閉鎖性を抑制している（関口，2014）。

(5) 日本の経営学研究はアメリカの研究と比較すると実証的研究への集中の程度は低い一
　　方、理論、方法論、学説史、哲学に関するものが多く（鈴木・坂本・柴田，2021）、
　　これらは本稿で述べる経営教育に関連する内容ではない。

(6) ただし、その数は少なく減少傾向にある（金，2021）が、近年の海外や国内ビジネス
　　スクールへの企業による MBA 派遣については次の通りの見解がある。海外 MBA 派
　　遣制度では制度の存立理由として社員の能力養成の他に、社員のモチベーション・
　　アップなどの誘引目的があるため、派遣者の選抜方法は推薦よりも公募が多い（金，
　　2021）。それに対して国内 MBA 派遣制度を実施している企業では社歴の浅い者を
　　派遣する MBA 派遣よりも、管理者向けのエグゼクティブ MBA（管理者向け短期
　　MBA）派遣の実施企業が多く、その理由は短期間でコストが安いため活用しやすい
　　点にある（金，2021）。企業が海外 MBA で社員に修得してもらいたいスキルは、上
　　述の誘引を目的とした制度の場合は不明確な場合が多く、国内 MBA でも実施企業の
　　約6割は MBA での社員の修得スキルや成果は曖昧であると考えている（金，2009）。
　　なお、私費による国内 MBA 進学者の実態調査は無いが、海外 MBA の進学者につい
　　ては、その多くが修了後労働条件の良い企業に転職したり起業したりするケースが多
　　く（金，2021）、私費による海外 MBA の進学には起業教育としての意義が認められ
　　る可能性はある。

(7) 単位取得の厳格化については 2007 年の文部科学省「大学設置基準等の一部を改正す
　　る省令等の施行について（通知）」によると、中央教育審議会答申「我が国の高等教
　　育の将来像（答申）」を受けたものであるとしており、同答申が「単位制度の趣旨に
　　沿った十分な学習量の確保」等の問題を整理して制度設計するよう答申したことに対
　　応した結果と見られる。

【参考文献】

番場博之（2010）.『商業教育と商業高校―新制高等学校における商業科の変遷と商業教育
　　の変容―』大月書店.
ベネッセ教育研究開発センター（2009）.「大学生の学習・生活実態調査報告書」ベネッセ
　　コーポレーション.

ベネッセ教育総合研究所（2022）.「大学生の学習・生活実態調査報告書」

ベネッセ教育総合研究所（2006）.「平成17年度経済産業省委託調査　進路選択に関する振り返り調査報告書―大学生を対象として―」https://berd.benesse.jp/koutou/research/detail1.php?id=3170（閲覧日：2022年11月3日）

中央教育審議会（2008）.『学士課程教育の構築にむけて（答申）』https://www.mext.go.jp/b_menu/shingi/chukyo/chukyo0/toushin/1217067.htm（閲覧日：2022年11月3日）

古田和久（2018）.「高学歴化社会における学歴と職業的地位の関連」『理論と方法』33(2), 234-246. Doi: 10.11218/ojjams.33.234

挾間雅義・三浦雅人・上野泰孝・松野成悟・内田保雄・伊藤孝夫（2013）.「高等専門学校における経営教育に関するアンケート実態調査」『日本生産管理学会論文誌』20(1), 35-40.

服部次郎（2007）.「総合学科高校のこれまでとこれから」『月刊高校教育』2007年6月号.

広瀬隆雄（1985）.「財界の教育要求に関する一考察―教育の多様化要求を中心として―」『東京大学教育学部紀要』25.

鍵山整充編著（1987）.『管理職要覧―日本的MTP―（改訂版）』白桃書房.

鹿嶋研之助（1991）.「進路指導」石井榮一・大橋信定・岡田修二・澤田利夫編著『現代商業教育論』税務経理協会.

川名和美（2014）.「中小企業の創業とアントレプレナー・起業家学習―日本の『ローカルコミュニティ起業家』の起業家主体形成と学習システムの関係性―」博士論文.

風間愛理（2007）.「望見商と堅田商」「両校の進路指導の違い」酒井朗編著『進学支援の教育臨床社会学―商業高校におけるアクションリサーチ―』勁草書房.

鹿住倫世（1995）.「第5章　企業家は教育で創られるか？」財団法人中小企業総合研究機構編『中小企業家精神―その実像と経営哲学―』中央経済社.

金雅美（2009）.「国内ビジネススクールに対する7つの幻想」『経営教育研究』12(1), 45-56.

金雅美（2021）.『MBAと日本的経営―海外MBA派遣制度の実態と構造―』学文社.

慶應義塾大学大学院総合管理研究科（n.d.）.「歴史と実績」『慶應義塾大学大学院総合管理研究科』http://www.kbs.keio.ac.jp/about/history.html（閲覧日：2022年11月3日）

神戸大学（n.d.）.「特別対談企画：第2弾『変革の連続だった神戸大学MBAの歩み』」『神戸大学MBA』https://mba.kobe-u.ac.jp/30th_anniversary/taidan_2/（閲覧日：2022年11月21日）

Mintzberg, H.（2005）. *Managers Not MBAs: A Hard Look at the Soft Practice of Managing and Management Development.* CA: Berrett-Koehler Publishers.（池村千秋訳（2006）.『MBAが会社を滅ぼす―マネジャーの正しい育て方―』日経BP社）.

文部省（1979）.『高等学校学習指導要領解説 商業編』一橋出版.

文部科学省（2018a）.「高等学校学習指導要領解説」https://www.mext.go.jp/a_menu/shotou/new-cs/1407074.htm（閲覧日：2023年2月24日）

文部科学省（2018b）.「今後の社会人受け入れの規模の在り方について」https://www.

mext.go.jp/b_menu/shingi/chukyo/chukyo4/042/siryo/__icsFiles/afieldfile/2018/07/26/1407548_3.pdf（閲覧日：2022 年 11 月 12 日）

文部科学省（n.d.）.「学校基本調査」https://www.mext.go.jp/b_menu/toukei/chousa01/kihon/1267995.htm（閲覧日：2023 年 8 月 11 日）

日本学術会議（1997）.「商学教育・研究の社会への対応と要請―現在と未来―」https://www.scj.go.jp/ja/info/kohyo/16pdf/1666.pdf（閲覧日：2022 年 11 月 3 日）

日本学術会議（2005）.「中等教育課程における経営教育の改善について」https://www.scj.go.jp/ja/info/kohyo/pdf/kohyo-19-t1030-18.pdf（閲覧日：2022 年 11 月 3 日）

日本学術会議（2020）.「わが国の経営学大学院における教育研究の国際通用性のある質保証に向けて」https://www.scj.go.jp/ja/info/kohyo/kohyo-24-t298-4-abstract.html（閲覧日：2023 年 8 月 19 日）

日本産業訓練協会（n.d.）.「日産訓」https://www.sankun.jp/（閲覧日：2022 年 11 月 17 日）

齊藤毅憲（2014）.「経営学教育の回顧と展望」『横浜市立大学論叢社会科学系列』*65*（1）（2）（3）

坂田隆文（2022）.「マーケティング教育の実態と課題に関する問題提起」『日本マーケティング学会　ワーキングペーパー』*9*（2）.

関口定一（2014）.「アメリカ企業における新卒採用：その実態と含意」『日本労働研究雑誌』特別号，81-91.

私立大学情報教育協会（2008）.「平成 19 年度　私立大学教員の授業改善白書」https://www.juce.jp/LINK/report/hakusho2007/index.html（閲覧日：2022 年 11 月 3 日）

総務省統計局（2018）.「平成 29 年　労働力調査年報（詳細集計）」.

鈴木由紀子・坂本義和・柴田明（2021）.「経営学の初年次教育に関する現状と課題に関する一考察」『商学研究』*37*，97-141.

高橋徳行（2005）.『起業学の基礎―アントレプレナーシップとは何か―』勁草書房.

竹中啓之（2009）.「大学の社会科学系統における人材育成機能の問題点について―有効な経営学教育を考える手かがりとして―」『鹿児島県立短期大学紀要』*60*，3-29.

田村正紀（2008）.『業態の盛衰―現代流通の激流―』千倉書房.

谷内篤博（2002）.「企業内教育の現状と今後の展望」『経営論集』*12*（1），61-76.

山崎敏夫（2016）.「日本とドイツの企業へのアメリカ的経営者教育・管理者教育の影響」『経営學論集』*87*，F46-1-F46-8.

第 2 章　今日の経営教育に対する
　　　　　 産業界からの要請

榎澤 祐一

I　はじめに

　日本の産業界は戦後、様々な機会に教育に対する要望を発信しているが、近年ではキャリア教育を中心議題として政府が産業界と教育界のメンバーによる研究会を発足させている。その中でも「人間力」と「社会人基礎力」は、経営学部に限定せず大学でのキャリア教育上頻出する用語であるが、これらの用語の定義や、産業界からのどのような要請を基に定着していったかを考察することは、産業界が経営教育に対して要望する期待やそれに対応する大学の現状を理解するのに有用だろう。また、大学卒業者の就業に関する国際比較結果から、特に日本の場合は産業と大学教育の連続性の考慮が重要とみられるため、まずその背景を分析する。

II　大学卒業者の「資格過剰」問題と産業界

　大学卒業者が、その専門性を要さない仕事に就職する現象を資格過剰（overqualification）と言い、国際的に大学教育が拡大した国々での政策立案上の課題となっている（OECD, 2022）。資格過剰は労働者の働きがいを棄損する（OECD, 2022）とともに国全体の経済成長を阻害するからである（OECD, 2013）。

　OECD（Organisation for Economic Co-operation and Development）では、ユネスコ（UNESCO）が定める国際標準教育分類（ISCED：International Standard Classification of Education）において、後期中等教育水準（例. 日本における高校）のスキルの職に従事しながらも、ISCED5A または ISCED6 に該当する資格（例. 日本における大学卒業以上）を有している状態を資格過剰と定義している。

　資格過剰の水準について平均値を 0 に変換したときの高低の値をロジスティック回帰分析により生成し国家間で比較すると、日本は個人レベルの要因を調整した際

表 2-1　大卒以上の労働者の資格過剰水準の国家間比較
（2012 年または 2015 年）

国	過剰資格水準の 平均からの増減	個人レベルの 要因調整後の増減
日本	0.9	1.0
イギリス	0.7	0.5
イタリア	0.7	0.7
チェコ	0.5	0.5
スロバキア	0.4	0.5
イスラエル	0.3	0.1
スペイン	0.3	0.3
ポーランド	0.3	0.4
ギリシャ	0.2	0.2
韓国	0.1	0.0
アイルランド	− 0.1	− 0.3
カナダ	− 0.1	− 0.4
オランダ	− 0.1	− 0.1
エストニア	− 0.1	− 0.1
フランス	− 0.2	− 0.3
ドイツ	− 0.3	− 0.2
トルコ	− 0.3	− 0.4
リトアニア	− 0.4	− 0.1
スロベニア	− 0.4	− 0.2
スウェーデン	− 0.6	− 0.5
ノルウェー	− 0.6	− 0.5
フィンランド	− 0.6	− 0.5
デンマーク	− 0.7	− 0.7

出所：OECD（2022）を日本語訳の上、引用

に調査国中で最高水準（1.0）にある（**表 2-1**）。

　資格過剰の個人レベルの要因には年齢、性別、親の学歴水準などがある（OECD, 2022）。例えば新卒一括採用の慣行のない国では職務経験が不足している若年者は失業を避けるために、とりあえず大学卒業資格に見合わない職に従事する可能性がある。

　国レベルの要因には①労働者の供給過剰、②雇用保護の厳格性、③教育制度の質が挙げられる（OECD, 2022）。労働者の供給過剰については、例えば中国において大卒者がホワイトカラー職種への就職を志望するものの、その数が求人に対して過剰である現象が挙げられる。

　また、雇用保護の厳格性の例としては法律や規制により大卒者が職に就けない状況が挙げられ（OECD, 2022）、日本では「解雇規制」の有無や是非について議論されるが、大卒資格を要すると思われる職業の有効求人倍率は管理的職業従事者（会社役員、企業・国・地方自治体の課長職相当以上など）で0.97倍、専門的・技術的職業従事者で1.70倍であり（厚生労働省，2023）、必ずしも大卒資格に見合った職が乏しい状況ではない。

　最後に教育制度の質を就業との関連性で見ると①教育機関におけるカリキュラム修了の実質性、②カリキュラムの職業との連続性が挙げられる。まず、大学修了の実質性の代替指標として、大学入学者に占める大学中退者の割合（以下、中退率）に着目した。すなわち、大学教育課程修了の難度を大学での学修の実質性として捉え、中退率が低く卒業しやすい国ほどカリキュラム修了の実質性が低いと解釈した。中退率が低いのは日本をトップとして韓国とデンマークである（OECD, 2011）。しかし、3か国間で資格過剰の状況は大きく異なっており、中退率と資格過剰の関係は見いだせなかった。つまり、我が国で時々主張される大学卒業の資格審査の厳格化については資格過剰問題の限りで言えば、その課題解決策とは断言し得ないだろう。すると、日本での資格過剰問題の要因として、残るのはカリキュラムの職業との連続性であり、産業界からの大学をはじめとする高等教育への要望に着眼する理由は、この点にある。

Ⅲ　産業界から経営教育への要請

1　「人間力」概念における経営教育への要請

　「人間力」という用語の初出は曖昧であるが、経営教育とも関連する雇用との関連で初めて言及されたのは、内閣府に設置された人間力戦略研究会による2003年の報告書である。同書では教育への要望を提唱する産業界と、それに対応する教育界の思惑の違いについて次の通り述べられている。

　産業界では、教育がしばしば「人材育成」と同義であるかのように語られることがある。企業の中で働く有能な人間を育てることが、産業界からの「ニーズ」であり、それを「人材の供給側」である教育界に期待することになる。一方、教育界、とくに学校教育の分野では、社会における「自己実現」を基本的な理念とし

ているものの、現実には、教科学習を中心としたアカデミズムと、学校組織とい
う枠という中での社会性の涵養に重きがおかれ、産業界からの要請に直接応えよ
うとすることには抵抗感が強い（人間力戦略研究会，2003，p. 3）。

　同研究会のメンバーは産業界と教育界の出身者により構成されていたが両者の対
話を通じて、教育界が推奨するような社会の中での仕事や役割を自覚した上で自己
実現を図ることは産業界の要請と矛盾しないという認識を得たという（人間力戦略
研究会，2003）。
　このような観点から、同研究会における「人間力」は職業生活に的を絞った能力
ではなく社会参加する市民としての「市民生活面」や文化的活動に関わる「文化生
活面」でも発揮されるものとしている（人間力戦略研究会，2003）。そして、その内
容は①基礎学力やその土台の上にある論理的思考力や創造力などの知的能力、②社
会・対人関係的要素、③これらを発揮するための自己制御的要素から構成されてい
る。「人間力」という言葉は社会通念上、社会・対人関係的要素の能力を想定して
用いられることが多いが、それよりも幅広い概念である。
　同研究会は職業生活との関連の中で大学や大学院等の高等教育機関のあり方につ
いても言及している。ただし、その内容は教員採用・評価と学校制度に限定されて
おり教育全体を俯瞰的に言及したものではない。教員採用・評価については教育能
力を重視した大学教員の採用・処遇改善、授業評価とその結果の実名での公開、客
観的な教員評価制度の導入、FD の推進、新任教員研修、教員の公開公募制や任期
制が掲げられており（人間力戦略研究会，2003）、これらの多くは今日に至る大学改
革の中で実施されている。また、学校制度については専門職大学院によるロース
クールやビジネススクールの開設の促進、企業と連携した寄付講座の実施、情報や
看護・福祉等の人材不足分野での大学での学部・学科の設置、「高度専門職学校（高
度専門職養成のための高度専門課程を有する専修学校）」の開設が提言されており（人
間力戦略研究会，2003）、「高度専門職学校」は専門職大学・専門職短期大学として
今日では概ね実現している。
　人間力戦略研究会による活動は、産業界と教育界との認識のギャップを埋めるた
めの対話としての意義は大きかったと言えるだろう。そして、企業の人材育成と教
育の違いを両者の共通認識として提示した意義も大きいと言えるだろう。また、そ
こで提言された制度が、その後実現している点でも実効性があったと言えるが経営

教育の観点からは課題もある。

　例えば、専門職大学・短期大学で企業側が念頭に置いていた設置学部は、大学で培った技術を基盤とした起業も期待される情報系学部であったが、2022年時点での23の専門職大学・専門職短期大学・専門職学部の内、情報系学部は5大学に留まる（文部科学省, 2022）。つまり、学生の自己実現の方向性や、それを汲んで専門職大学・短期大学を設置する教育関係者の方向性は必ずしも産業界からの要望と合致していない。

　ちなみに大学院教育においても、ビジネススクールを評価する企業の割合はビジネススクール修了生が社員にいない企業で4.6%、修了生がいる企業でも23.1%に留まる（文部科学省, 2018）。

　小括すると同研究会の報告では教育機関での学習能力に代表される知的能力と対置される概念としての「人間力」という一般的な言葉の印象とは異なり、「人間力」に知的能力を内包させ幅広い概念である。「人間力」の活用場面は市民生活面や文化生活面にまで及ぶが、エンプロイアビリティ（就業能力：employability）を高めるための能力に眼目がある点で、経営教育との関連性があると言えるだろう。さらに、「人間力」養成のための制度や教員の資質といった教育制度面への提言はあるが、「人間力」養成のための教育目的、教育内容、教育方法への言及は無い。

2　「社会人基礎力」概念における経営教育への要請

　「社会人基礎力」という用語は経済産業省（2006）が初出である。経済産業省が組織した産学出身者で構成された研究会において、職場で求められる能力の定義に関する議論の結果、それを「職場や地域社会の中で多様な人々とともに仕事を行っていく上で必要な基礎的な能力」と定義し、社会人基礎力と名付けた。

　同研究会座長の法政大学・諏訪康雄教授（当時）が民間企業のインタビューに応じた回答によると、当時は「基礎学力に加えて、コミュニケーション能力や積極性、問題解決力等の能力が低下してきていると指摘されて」おり、「企業や社会が求めている水準に満たない学生が目立ち、多くの企業において、採用のミスマッチや、入社後の教育に頭を悩ませている」という課題がこの議論の出発点にあった（IEC, n.d.）。

　しかし、経済産業省の調査によると自社の求める人材像が就職活動する学生に伝わっていると考える企業が7割程度あるのに対し、学生の約6割が企業の採用基準

の不透明性を挙げている（経済産業省，2006）。そこで、企業側と学生側の共通言語として能力を定義づけることが両者のコミュニケーションを円滑にするとともに、教育機関としても企業の求める能力ニーズを把握し教育に資すると研究会では考えていた（経済産業省，2006）。したがって、この研究会の眼目は能力向上のための方法論を検討するものではなく、能力の定義を明らかにする点にあった。

　研究会の議論序盤では職場で必要な能力について各メンバーに質問したところ、大企業から派遣されたメンバーは2か国語以上の外国語能力を挙げるのに対し、NPOや教育機関から派遣されたメンバーは、挨拶をできない人が多い中で「基礎力に限定してほしい」という要望を掲げており、メンバー間の要望の乖離が大きかった（IEC, n.d.）。そこで、討議の結果、本人が最低限身に付けなければ本人にとっても職場や社会にとっても困るような基礎的な能力として「社会人基礎力」を定義することにした（IEC, n.d.）。経済産業省による調査によると若年層の意欲、説得力、協調性の水準が1997年から2005年の間に低下してきていることも定義に寄与しているという（経済産業省，2006）。また、調査に基づく考察ではないが、これら能力の低下傾向は全体的なものではなく、トップ層は以前より能力値が高いものの全体の6割を占める「中間層」で低下しているという認識が研究会メンバーから指摘されている（経済産業省，2006）。

　このような格差拡大の理由として諏訪教授は①職住近接の自営業者の減少に伴う地域コミュニティや家庭内でのコミュニケーションや教育力の減少、②大学進学率上昇に伴う高校等での部活動等のコミュニティ参加率の減少を挙げている（IEC, n.d.）。従来は、これらへの接触により若年者が意識しなくても身に付けられてきた能力を、意識的に教育機関が教育する必要があるということである（IEC, n.d.）。ただし、社会人基礎力は知識教授と異なり当人の気づきにより身に付くものであるため、講義ではなく課題解決型学習（PBL：Project Based Learning）が適切な教育方法になり得るとしている（IEC, n.d.）。

　研究会での議論の結果、「社会人基礎力」の構成要素として「前に踏み出す能力」、「考え抜く力」、「チームで働く力」が提示されており、それぞれに対して具体的な能力を列挙している。例えば「チームで働く力」には「自分と周囲の人々と物事との関係性を理解する力」や「社会のルールや人との約束を守る力」が挙げられている。

　しかし、「前に踏み出す能力」には「他人に働きかけ巻き込む力」や「新しい価

値を生み出す力」のような、その上の世代が自然と身に付けていたかと言えば疑問
視される能力も含まれる。この点について研究会は 1990 年代以降、企業の経営課
題が既存の成功モデルの改良から新たな価値創出に変遷したことを理由に、他人と
の接触の中で成果を出す場面が増えたことが社会人基礎力を求める要因になって
いると分析している（経済産業省，2006）。つまり、地域コミュニティや家庭でのコ
ミュニケーションの減少だけが社会人基礎力を必要とする背景ではなく、社会が求
める能力の向上も社会人基礎力を求める背景にあることを理解する必要があるだろ
う。

　小括すると「社会人基礎力」は総じてエンプロイアビリティを高めるための能力
として議論は進められている。それと共に、経営教育の中でもマネジメント教育で
従来から教育目標としていたリーダーシップや創造性といった能力を求めている点
で、経営教育との接合性があると考えられる。ただし、研究会の目的は社会人基礎
力の内容の定義づけに留まるため、大学での経営教育の内容に対する提言は無い。

3　「未来人材ビジョン」における経営教育への要請

　経済産業省は 2030 年、2050 年をターゲットとした雇用・人材育成および教育シ
ステムに関する政策課題を提言するための「未来人材会議」を設置し、2022 年に
未来人材ビジョンを発表した。委員は大学関係者 2 名（経済学・情報学。内、1 名が
座長）、中等教育（中学校・高等学校）関係者 1 名、経営者 3 名である。同省には次
の問題意識があるという。

　　日本企業は、必要とされる具体的な人材スキルや能力を把握し、シグナルとして
　　発することができているか。そして、教育機関はそれを機敏に感知し、時代が求
　　める人材育成を行うことができているのか（経済産業省，2022a）。

　そして、未来人材ビジョンは具体的な提言を目的としたものではない（経済産業
省，2022a）。高等教育に焦点を当てて言及している点は、①「探求（"知恵"）力の
鍛錬（以下、探求力の鍛錬)」、②就業者の学び直し（re-skilling）、③企業の大学や高
等専門学校への参画（例. 京都先端科学大学、神山まるごと高専）の加速化が明示され
ている。この内、現実的に高校卒業直後に進学した学生が殆どを占める大学経営学
部の経営教育に関わるものとして探求力の鍛錬が挙げられる。

　探求力の鍛錬とは「生活課題や社会課題の当事者として課題の構造を見極めながら、自分に足りない知恵を集め、異なる他者との対話を通じて、共同的な学びが行われる」（経済産業省，2022b，p. 86）ものと定義されている。この定義の限りでは、その対象は経営教育に限定されないが、併せて「社会課題を機敏に感知するスタートアップの知見を教育にも取り入れる必要がある」（経済産業省，2022b，p. 86）としている点が注目される。

　なお「未来人材ビジョン」での提言を大学学部での経営教育に即して述べれば、「探求力の鍛錬」は一連の大学改革の中で推進されてきたアクティブ・ラーニングの延長線上の議論であり、多くの大学で実践例が報告されているものでもある。大学に対する産業界の教育要望の多くは2023年時点でシステムとして結実しつつあるが、それらの経営教育としての現場での実践方法や人的資源の確保、効果測定方法の確立に、現在の課題があるだろう。

Ⅳ　大学での経営教育への示唆

1　産業界から教育界への要望と背景のまとめ

　第1章からの議論をまとめると、1970年代の低成長時代から企業は合理化を加速させ、いよいよ1990年代には、企業間競争の激化に対応するため、合理化に伴うコスト削減の一環として雇用が流動化した。さらに「学歴代替雇用」の進展より高卒者が担っていた仕事に大卒者が従事するようになると、社会は高学歴化を目指した。企業間競争の激化は自営業者を減少させ、それに伴い住民と地域コミュニティのつながりも失われていった。高学歴化は部活動などの学校内コミュニティとのつながりを失わせた。

　これら人的コミュニケーションの喪失により、学齢期の児童や生徒は経営教育の基盤ともなり得る「社会人基礎力」を獲得する機会を失うことになり、近年の政府・産業界の総意として、その養成は大学をはじめとする高等教育機関に委ねられることになった。また、この「社会人基礎力」が定義された背景としては、1990年代以降の産業構造転換の中で対人コミュニケーションを通じた創造性が求められるなど、社会が求める能力が高度化している点も見逃せない。

2　産業界の要望を受けた現代の経営教育と課題

　近年では「未来人材ビジョン」により、経営教育だけでなく高等教育全体に探求力の鍛錬が求められているが、既に実践例は多い。第 1 章でレビューしたミンツバーグの言説ではアート、クラフト、サイエンスが経営教育には必要であるとされた。我が国の大学での教育実践に即していえば、アート（例. デザイン思考やアート思考）やサイエンス（例. データサイエンス）の教育は講義法や演習法が、クラフトについては課題解決型学習がその教育方法であると考えられるだろう。

　現在の日本の大学の経営教育でクラフトを教育する科目としては、起業・職業上の成功のみを主眼とするものではないものの、キャリア教育が挙げられる。キャリア教育は 2011 年の大学設置基準改正で義務化されてから、講義法と PBL により教育が実施されている。PBL では例えば企業へのインターンシップが実施される。そして、大学でのキャリア教育の教育効果に関する実証研究（例. 中間，2008; 松井，2009; 宮入，2013; 平尾，2017）も蓄積されつつある。しかし、これらで測定されているのは教育を受けた前後ないしは数か月後の自己評価に留まり、企業や個人のデータ（例. 組織内での昇進、起業した企業の経営成績）との関係を示唆した研究は無い。また、諸外国の研究でも在学中のキャリア教育の成果に関する研究はあまり見られない（平尾，2017）。つまり、本書が定義する「経営教育」の観点からキャリア教育がどこまで有効であるかは不明瞭である。

　他の教育方法としては学生の主体的な学習への取り組みを取り入れたアクティブ・ラーニングを通じて、リーダーシップ教育が推進されている。例えば産学連携による PBL を通じて学生は学生間だけでなく実社会をも含む人間関係の形成が求められる場面に直面し、リーダーシップ能力を育むことができるだろう。ただし、経営学・商学系学部での産学連携は教育目標が漠然としたまま開始する事例もあり、企業側が産学連携に期待するものは学生の専門性ではない場合がある。すなわち、消費者としての若年層のニーズ把握などのマーケティング [1] を目的として企業が参画しているケースもある（宮本，2014）。さらに、これらの懸念を払拭して産学双方の目的が調整されたとしても、教育実践の中での学生の活動はその専門性の低さから産学連携先への企画提案に留まるために成果創出に至る工程の大半を産学連携先が担い、リーダーシップ養成など教育目標の達成につながらないという指摘もある（宮本，2014）。

　また、経営学・商学系学部での起業教育につながる実践として演習や PBL を中

心とした授業ではビジネスプラン・コンテストへの応募指導が行われることが多い
が、この応募者の殆どは起業を実際に目指してはいない。また、コンテストの主催
者自身が学生の起業促進を目的としておらず、ビジネスプラン構築の過程を通じた
教育効果を目的として開催している場合もある。

　一方、本章では実際の起業に結びつく教育実践として、工業高校の事例研究から
は経営者との人脈や起業につながる専門技能習得が起業の先行要因である（川名,
2014）点を指摘した。事例の生じた1960～1970年代と現代との産業構造の違いは
考慮すべきとしても、これら先行要因は大学学部での起業につながる教育を検討す
る上で参考になるだろう。

3　大学における経営教育への示唆

　リーダーシップ教育、起業教育の現状を踏まえて、大学における今後の経営教育
についての示唆は次の通りである(2)。既存の大学学部の状況を前提とすると、経
営教育は専門技能を修得する学生に対して行うと起業者の増加という成果を生じや
すい可能性がある。専門技能を修得しつつある学生は、学内外の協力者との関係性
の中で協働する経営者・従業員や販路を獲得しつつある可能性がある。このような
背景の中でマネジメント能力を向上させ、経営上必要なネットワークを開拓する
ために自分のアイディアや企画を他者に伝える際に必要な概念構築、プレゼンテー
ション、コミュニケーションの各技法の学習は経営教育としての有用性が高いと考
えられる。

　社会科学系統学生の調査結果に見られたように経営学部の学生の就学意欲が他学
部と比較して低調であるとしたら、起業者だけでなく産業社会に従事する全体とし
て身に付けるべきマネジメント教育は全学的な授業の中で実施しつつ、一部の起業
志望学生を選抜し、これらの学生には起業準備として年次にかかわらず必要な科目
を教授することが考えられるだろう。経営学以外に専門の学位を取得するといった
複数の学士号を取得する制度（ダブルメジャー制度）に関する議論も従前から提唱
され理想的な方法論である。ただし、起業者にとっては起業準備に忙殺され、限ら
れた時間の中で制度上の学位を得ることよりも、他学部や他大学で企業に必要な専
門科目に限定した履修を自由に行え、自学部での単位に振り替えできるようにする
ことが有用で現実的な方略だろう。

　この方法論においては、大学内の他学部または、他大学の協力が不可欠である

が、起業を志望し、かつ選抜される学生の数は経営学部の在籍学生の全体から見ると些少であるため、一定の実現性はあるだろう。ここで大学が支援できることは学生の起業のために修得が必要な専門技能の見極めにあり、その助言である。アドバイザーの役割を担うためには学生が起業にあたり必要とする技術やスキルの特定に至るまでをサポートすることが最低限必要である。しかし、学生に限らず技術をもたない起業者の場合は、起業によって解決したい問題があっても、技術以前に商品やサービスとして具現化するに至るまでの課題設定やプロセス設定で難渋することが多い。逆に一定の技術をもっている場合は、起業によって解決したい問題が曖昧か、想像上の誤った設定（例. 誤ったターゲット顧客の設定）をしたまま商品やサービスの設計に進んでしまうことも多い。ただし、この課題に対応できるアドバイザーになり得る人材を、学内ですぐに見つけることは難しく、外部採用も困難であるだろう。実務に通じた民間の起業支援者（例. 水野・中川・石田, 2023）の活用や、実務経験のある教員を中心に自身の専門分野にかかわらず周辺分野の知識も得て、IT産業、サービス産業、機械製造など有力な起業分野ごとに担当者を割り当てることが現実解になるだろう。

つまり、複数のアドバイザーが自分の専門分野の枠内のみで起業を目指す学生の相談を受けるのではなく、一人のアドバイザーが実務を踏まえて横断的に専門分野を評価して助言する方が学生にとって有用であるだろう。

V　本章の意義と残された課題

第1章では産業界や教育機関での経営教育に関する先行研究をレビューし、本章では産業界から経営教育への要望を分析の上、大学学部での経営教育について示唆した。

近年はキャリア教育への意識の高まりにより、企業との連携といった教育手法や専門職大学・短期大学などの制度設置が論じられているが、教育内容の議論では課題解決型学習の有効性が論じられるか、その教育実践研究が主流であり、経営教育上の目標設定や教育方法については殆ど議論されてこなかった。この点を明らかにした点と若干の提言をした点に本論の意義があるだろう。

ただし、まだ本書における提言の具体性には乏しく、日本の大学経営学部における教育内容の不統一性に起因する問題については言及できなかった。例えば、日本

の大学では同じ科目の教科書であっても、その内容には極めて多様性があり（坂田,
2022）、仮に本稿が提言する示唆が実施されるとしても再現性のある形で、全国で
政策的に教育成果を上げるための方略については考察が及ばなかった。

　また、高等教育政策については立法過程や法令解釈が主体の制度論にしか触れて
おらず、予算配分や財政構造などの資源論については言及できなかった。特に経営
教育を取り巻く諸課題に対する制度的変更が一巡している現在においては、むしろ
資源論こそが経営教育の分析において重要であるだろう。

　今後は大学における経営教育の品質管理の方略や、継続教育である大学教育とし
て①経営教育上での高大連携の方法、②大学と企業研修間のマネジメント教育にお
ける協働の可能性の探求が重要な研究課題となり得るだろう。

【注】

(1) 若者は「自由なアイディアや斬新なアイディアを創出する」という認識のもと、企業
　　側が過剰な期待をもって産学連携するケースが多い（宮本, 2014）。しかし、実際に
　　大学生がアイディアを出すと産学連携先にとって「不適切」と判断されるケースもあ
　　る（宮本, 2014）。産学連携により生まれる産学連携先と学生間の関係は、実社会に
　　おける関係そのものではなく、産学連携先の思惑や制約を考慮に入れて評価する必要
　　があるだろう。

(2) 本稿執筆時点で以下の示唆の方向性に沿った動きは2023年度から京都産業大学が開
　　始している。同大学では、経営学部の教員が統括する専任教員チームが学生の起業支
　　援プログラムを策定・推進し、文理を問わず全10学部の学生が履修可能な起業支援
　　科目を設置した（京都産業大学, n.d.）。そして、専任教員がメンターになる他、課外
　　活動では自治体関係者や起業家が定期的に集まり、学生が情報や助言を得られる場と
　　して機能しており、課外活動でも教員の支援を受けられる（京都産業大学, n.d.）。ま
　　た、起業支援科目以外の履修システムとして、起業に必要な知識獲得のために他学部
　　科目の履修が可能であり、同大学では全学部が一拠点にあることが、このプログラム
　　を推進できる要因であるとする。

　　　なお、同大学では課外活動として本プログラムを推進する意見もあったが、正課と
　　して推進した背景には、同プログラムの推進前から起業した学生や起業準備中の学生
　　のアセスメントテスト（ベネッセi-キャリア「GPS-Academic」）の結果を分析したと
　　ころ、リーダーシップやレジリエンス（克服力）が高く、同様の特徴をもつ学生が全
　　学生の3〜5%に上ると推定されたためである（株式会社進研アド, 2022）。

【参考文献】

平尾智隆（2017）．「キャリア教育が大学生の意識に与える影響―実験的環境下での計測―」『NIER Discussion Paper Series』6, 1-16.

IEC（n.d.）．「経済産業省経済産業政策局　社会人基礎力に関する研究会座長　諏訪康雄教授に訊く」『IEC　創・考・喜・楽』https://www.iec.co.jp/（閲覧日：2022 年 11 月 3 日）

株式会社進研アド（2022）．「京都産業大学が文理融合の正課を含む起業家育成プログラムを全学で導入」『Between 情報サイト』https://between.shinken-ad.co.jp/univ/2022/10/kyoto-su.html（閲覧日：2023 年 6 月 22 日）

川名和美（2014）．「中小企業の創業とアントレプレナー・起業家学習―日本の『ローカルコミュニティ起業家』の起業家主体形成と学習システムの関係性―」博士論文.

経済産業省（2006）．「社会人基礎力に関する研究会―『中間取りまとめ』―」

経済産業省（2022a）．「2030 年，2050 年の未来を見据え，『旧来の日本型雇用システムからの転換』と『好きなことに夢中になれる教育への転換』を！」https://www.meti.go.jp/press/2022/05/20220531001/20220531001.html（閲覧日：2023 年 3 月 12 日）

経済産業省（2022b）．「未来人材ビジョン」https://www.meti.go.jp/press/2022/05/20220531001/20220531001-1.pdf（閲覧日：2023 年 3 月 12 日）

京都産業大学（n.d.）．「アントレプレナー育成プログラム」https://www.kyoto-su.ac.jp/about/torikumi/entrepreneur.html（閲覧日：2023 年 6 月 22 日）

厚生労働省（2023）．「一般職業紹介状況（令和 5 年 6 月分）」https://www.mhlw.go.jp/stf/newpage_34326.html（閲覧日：2023 年 8 月 11 日）

松井賢二（2009）．「大学におけるキャリア教育の効果（II）」『新潟大学教育学部』2（1），65-77.

宮入小夜子（2013）．「社会人との対話が学生の職業観・勤労観の形成に与える影響―キャリア教育に関する準実験による実践的研究―」『日本橋学館大学紀要』12, 17-31.

宮本佳範（2014）．「第 10 章　地域と連携した活動の現実的課題―名東区魅力マップ作りに取り組んで―」愛知東邦大学地域創造研究所編『地域創造研究叢書 No.22　学生の「力」をのばす大学教育―その試みと葛藤―』.

水野学・中川充・石田大典（2023）．「『あいまいな問題』と『解決』を支援するしくみ」『マーケティングジャーナル』43（2），18-29. Doi: 10.7222/marketing.2023.047

文部科学省（2018）．「経営系大学院を取り巻く現状・課題について」https://www.mext.go.jp/b_menu/shingi/chousa/koutou/085/gijiroku/__icsFiles/afieldfile/2018/01/29/1400609_04.pdf（閲覧日：2022 年 11 月 3 日）

文部科学省（2022）．「専門職大学一覧」https://www.mext.go.jp/a_menu/koutou/senmon/1414446.htm（閲覧日：2022 年 11 月 3 日）

中間玲子（2008）．「〈実践報告〉キャリア教育における教育効果の検討―キャリアに対する態度と自己の変化に注目して―」『京都大学高等教育研究』14, 45-57.

人間力戦略研究会（2003）．「人間力戦略研究会報告書　若者に夢と目標を抱かせ，意欲を高める―信頼と連携の社会システム―」.

OECD（2011）. Education at a Glance 2022.　https://read.oecd-ilibrary.org/education/highlights-from-education-at-a-glance-2010_eag_highlights-2010-en#page1（閲覧日：2023年8月11日）

OECD（2013）. OECD skills outlook 2013: First results from the survey of adult skills. https://www.oecd-ilibrary.org/education/oecd-skills-outlook-2013_9789264204256-e（閲覧日：2023年8月11日）

OECD（2022）. Education at a Glance 2022. https://www.oecd-ilibrary.org/sites/3197152b-en/index.html?itemId=/content/publication/3197152b-en（閲覧日：2023年8月11日）

坂田隆文（2022）.「マーケティング教育の実態と課題に関する問題提起」『日本マーケティング学会　ワーキングペーパー』9（2）.

第Ⅱ部

大学での経営教育の実践

解題

　第Ⅰ部では戦後日本の経営教育の実態を教育現場（高校、大学経営学・商学系学部、経営大学院、企業内）ごとに概観した。その結果、リーダーシップについては戦後直後からGHQの指導を通じた企業内教育での成果が見受けられ、それが現代に継承されていることが明らかになった。また、起業教育については戦後の高度成長期の一時点であるが、工業高校での成功事例があった。しかし、大学の経営学・商学系学部では過去から現在に至るまで、これらの教育に成功した経験はなかった。

　また、産業界は戦後を通して、リーダーシップや起業に関わる能力養成への要望を教育界に提言しているものの、それらの提言は学校制度論に留まるものであり、学習者の実態調査や効果検証、企業内教育での成功事例などを踏まえた実証的な教育内容についての提言は無い。

　そこで、本書が対象とする大学経営学部でのリーダーシップや起業教育の方向性を実証的に示唆する。

　特に近年の経営現場で必要とされ、定着した「デザイン思考」を核概念とし、第3章ではその教育方法を中心に論じ、第4章ではデザイン思考の教育により目指す成果を論じている。

　第3章は、デザイン思考をキーワードに大学学部での経営教育におけるメディア活用の授業実践に関する報告である。教育におけるメディア活用というと、暗黙の前提として教員によるメディア活用が語られることが多い。しかし、本例では経営教育の一環として学生が主体となって教員と共にメディア活用する。また、大学でのデザイン思考に関する授業は、ともすると思弁的な内容に留まるが、この授業実

践では、あえて狭義のデザイン実践を課すことで、学生がデザイン思考の本質を会得するという意外な展開を見せる。

　第4章では近年多くの経営学系学部で実践されている、企業活動への参画を通じたプロジェクト型授業の効果を測定した。プロジェクト型授業は講義法による授業よりも、学習者の動作としては実践に近く、デザイン思考的であり、学生の履修意欲喚起の観点から多くの大学で定着している。しかし、これらの印象論だけで経営教育としての効果までもが高いとは言い難いだろう。また、現場では教員もプロジェクト型授業で学習者のどのような能力を養成しているのかが不明であるか、「『人間力』の養成」（第2章参照）などの曖昧な概念を用いて論じているのが実態であるだろう。そこで、企業活動に参画するプロジェクト型授業を大学2単位の標準的な時限である15回実施した結果、どのような能力が養成されていたかを測定した。

第3章　経営教育におけるメディア活用

谷口　正博

I　はじめに

　現状において経営教育を行う大学に入学する学生には、クリエィティブなスキルは求められていない。しかし、私たちの実生活においてスマートフォンを中心としたICT（通信技術を活用したコミュニケーション）は日常の一部として確立し、これらのメディアを使いコミュニケーションを取ることは多くの人々に当たり前のこととして受け入れられている。

　言葉、文字を用いた基本のコミュニケーションでは、読み方、書き方、礼儀作法といった表現が多数確立し、基礎教育の段階から一般常識として身につけることを求められており、状況に応じた表現方法を使い分けることが出来ている。

　現在の多様なメディアを活用した表現やコミュニケーションにおいても、読み書きと同様に状況に応じた表現方法を身につけることで、経営における展開可能性を確実に広げることにつながるものと考えられる。

　経営者にはメディアを活用した集客や採用、ブランディングなど情報発信すべきことが常に多くあり、それらを外部のプロフェッショナル組織や人材に外注することで情報をコンテンツ化して発信している。一定の規模を持つ企業経営においてはこのようなアウトソースは有効に働く。そこで、経営者は情報発信の編集意図を持ちコンテンツ制作の監督的な立ち位置としてメディアの性質を理解しなければならないが、編集者としても制作者としての役割も外部組織からのコンサルティングを随時受けながら進めることが通例的に行われている。

　組織として成立、成熟した経営環境とは異なり、多くの経営を学ぶ立場である学生が直面していくのはスモールビジネスであり、スタートアップ時のように比較的小規模な事業からとなる。その際にすべてをアウトソースすることは予算的にも人員的にも難しいことが容易に想定できるため、これらを内製することになる。その

際にメディア活用について素人同然の状態では、優れたアイデアやビジネスモデル
を持っていたとしても適正な情報伝達に至らないことで機会損失を起こしてしま
う。

　そこで、経営教育においてこれまでデザイナー、ディレクター、編集者などの役
割が果たしていたクリエィティブでクリティカル、創造性に基づいた重要な判断か
ら求められるアウトプットまでの流れの基本を、実践を通して学習することで、自
らの思考と手を動かして適正なコンテンツ化と情報発信を可能とすることを想定
し、経営学部における教育内容に取り入れる試みを行った。ただし、これらは職人
的な専門教育ではなく、本質的な要素を踏まえ概観を理解することを目指したもの
である。

Ⅱ　文字の扱いについての理解

　メディア活用においてビジュアルな情報発信をする際に扱う「文字」について、
書体、サイズ、配置などのタイポグラフィの概要を学ぶことで、適正な使用を目指
した。

　ビジネスシーンにおいて Microsoft Office が標準アプリケーションとなっている
が、ユーザーの大半は「文字」について特段意識することなく標準設定のまま使用
していると考えられる。Word では「MS 明朝」、Power Point では「遊ゴシック」、
「メイリオ」とゴシック系が標準となっている（図3-1）。

　書体の持つ由来として、明朝系はその名の通り漢字の発祥である中国に端を発し
筆字の要素を持つためトラディショナルな印象となり、ゴシック系は筆字の要素を
廃した近代以降の書体のため現代的な印象を持つ。つまり、文面の内容に合わせて
この印象を使い分けるだけでもメディア活用コンテンツにおける最低限の適正化が
可能となる（図3-2）。

　コンテンツにおけるキービジュアルでは、コピーのように書体サイズを大きく見
せる手法が用いられる。大きなサイズでの文字配置では文字の間隔に絶妙な印象が
発生している。特に原稿用紙で文字を書くことや Microsoft Word で日本語（ハン
グル、漢字も同様）を入力する際に、すべての文字が均等の間隔になっていること
が通常の感覚になっていると、上記の印象の違いには気が付きにくい。そこで、均
等間隔の場合に空間余地が大きく目立つ句読点に注目し、間隔を詰める修正を施

図 3-1　各種フォント

図 3-2　明朝とゴシック

してみる。この修正をデザイン用語ではトラッキング、カーニングと呼ぶ（**図 3-3、図 3-4**）。

　見出しやコピーを大きく見せるコンテンツでは、これらの対応が意識的になされているだけでも瞬発的な読みやすさにつながり、ひいては情報の直感的な理解を得られるものとして成立する。

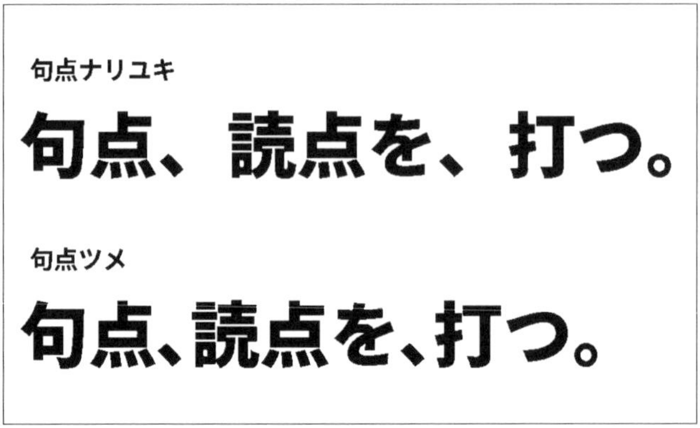

図 3-3　句点カーニング

図 3-4　句点カーニング 2

　世の中の商業広告をはじめとした「デザイン」が施されたものは、これらの要素をより細かく詳細に分析し反映させたものであるということを判断する知識が備わるだけでも、メディア活用につながる知見となる。

　「文字」を意識的に扱うとは、情報伝達と理解を促す効果に直結するのである。

図 3-5　画像修正

Ⅲ　写真、画像の補正・修正技法

　コンテンツ発信において、ビジュアルの中心となる写真やイラストなどの画像は最も重要な要素となる。商品やサービスのイメージを直接的に伝える要素として見え方、見せ方を慎重に取り扱う必要がある。

　明るさや色合いを補正することは一般的なアプリケーションで可能となり、スマートフォンにおいてもその機能は容易に実行できるものとして、より良く見せる「映える」画像修正は、特に現在主流となった SNS 上の表現として誰もが行う技法となった。さらなる修正技法として、余計なものを排除する、追加する、背景を変更するといった加工の領域は高度な専門分野であったが、現在は最低限の学習によって十分に修得可能なものである。学習成果として再撮影や修正依頼といったコストを吸収し、さらなるイメージ訴求を自ら行えることにつながる（図 3-5）。

　また自らの手を動かし想像通りのアウトプットが得られるのであれば、言語化して第三者に編集を指示するよりも自身の正確なイメージをより強く反映させることが出来ると考えられ、情報伝達の離齬によるデザインの混乱という状況に陥ることも無くなるのではないだろうか。

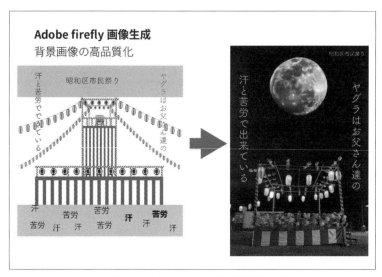

図 3-6　Adobe Firefly による学生成果

Ⅳ　生成 AI 活用によるコンテンツ制作

　現在進行形のトピックとして生成 AI が各分野に及ぼす影響は多大なものがあり、メディア活用におけるコンテンツ制作においても同様の状況が存在する。

　2023 年 9 月に Adobe 社の複数のアプリケーションに Firefly という生成 AI が実装され、実用的な生成画像が急速に実現した（Adobe, n.d.)。さらには、これらの生成された画像の商用利用も可能となったので、ビジネスシーンにおける活用可能性が格段に拡がり、いかに業務に取り入れるかが競争的に試行錯誤されている。そこで、早急な対応として 2023 年後期に愛知東邦大学経営学部の授業科目において試行的に学習教材として取り入れ、非クリエィティブ系の大学生に同機能の体験学習を実施した。その結果は目を見張るものとなり、当初はペイントツールなどで素人同然の表現を行っていた学生が、一見して高クオリティな表現とわかるコンテンツを手がけることが出来ていた。これには学生自身も驚きを隠しきれず「自分にこんなことが出来るとは思えなかった」、「絵心は全くなかったけれど作る楽しさがわかった」という感想を得られている（図 3-6)。

　コンテンツの完成形としては、デザインの専門的な観点から未熟な点も多くある
ため、生成された画像を修正してレイアウト等を施す必要はある。しかし、一般的
なチラシ広告や WEB ページ制作等においては非常に実用性の高いものであり、こ
れらのツールを経営的に取り入れ業務に実装する価値は限りなく高いものであると
考えられる。Adobe 社も一般ビジネスユーザー向けに生成 AI をはじめとした新機
能のプロモーションを大々的に行っている。

　これらのメディア活用コンテンツ制作は、もはやクリエィティブ系の専門分野だ
けではなくなり業界を超えて拡がっており、教育学習分野にも急ぎ全面的に取り入
れる必要を強く感じている。

V　デザイン思考の活用

1　デザインを行うための思考

　デザイン思考がイノベーションの促進において有益な方法とされ、ビジネスに限
らず多方面の業界分野に注目され取り入れる試みがなされている。デザイン思考は
伝統的な問題解決アプローチを補完するものとされるが、元来はデザインを施す際
のクリエィティブな発想法に基づくものであるため、「クリエイティブ（＝創造的）」
な考え方の概念について捉え直す必要がある。

　日本語ではデザイン（design）を「意匠」という言葉で長らく表現してきた。意
匠には工夫を巡らすことという意味があり、デザインとは単なる装飾にとどまら
ず、創意工夫によって機能や仕様を改善変革し問題を解決するという本質的な意味
が与えられている。この創意工夫を得るための一側面として新しい素材や加工方法
によって、それまで不可能だった表現が実現可能性を帯びた。つまり、新技術とそ
の一般化は欠かせない要素である。

　デザインそのものの歴史においても、19 世紀以降に工芸や美術の基本的な原則
が産業革命の影響を受け、技術的な進歩が反映されるようになった結果、急速に大
規模な工芸学校が設立され教育課程に新技術とデザインという内容が組み込まれて
おり、20 世紀にはドイツのバウハウスのように絵画、建築をはじめ先端的なテク
ノロジーをすべて同列に捉え、合理的でシンプル、かつ機能的であるものを目指し
た結果、過度な見掛け倒しの装飾などは不要で「機能的で美しい」デザインが数多
く生まれた。その手法や思考は現在にまで続いている。まさに「神は細部に宿る」

図3-7　ブレストカード（面白法人カヤック）

の具現化である。これら思考の方法がデザイン思考そのものであり、創意工夫を支える下地となる多様性ある知の集積、思いつきのアイデアをさらに強化する知識と技術などが複雑に融合し導かれた結果として有益なデザインが生まれ、多くの人々にとって快適、かつわかりやすい機能が伴う形での社会実装が現在進行形で行われている。

2　デザインに接続する思考と活用

　アイデアを具体的な形にし、それを実装してデザイン的なフィードバックを得る方法は、「デザイン思考」における発散思考と収束思考の繰り返しとされているが、アイデアをできる限り多く出していく発散思考が大学教育現場では困難を伴うことがある。具体的には学生が「正解」を求める思考に捉われて、ひとつの回答、もしくは類似したごく少数の回答に終始してしまう傾向となる現象である。一般的なブレーンストーミングでも、このような兆候に陥ることはよくあることだが、その際に状況を突破する手法としてブレストカードを利用した発想展開手法が用いられる（図3-7）。

　それに加えて、愛知東邦大学経営学部の授業では、おもちゃクリエーター・高橋晋平氏の提唱する「アイデアしりとり」が劇的な効果を果たした。しりとりは、周知の通り言葉をつないでいく遊びである。しかし、テーマに基づいてキーワードを

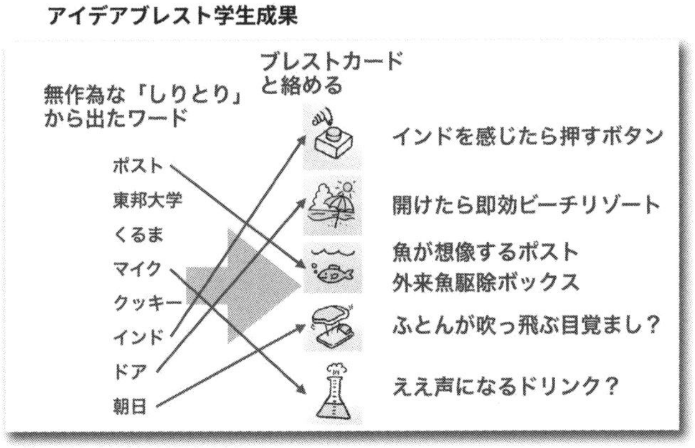

アイデアブレスト学生成果

図 3-8　ブレストカードによる学生成果

　出そうとすると、キーワードからの固定観念から逃れることが困難である。そこ
で、しりとりで発生した自由な言葉に後付けでテーマを無理矢理にでも絡めて発想
していく手法である。正常な思考では絶対に現れない組み合わせの妙は伝言ゲーム
にも近く、普段発言の少ない学生グループワークにおいても笑いを伴うアイデア出
しという理想的な創造的思考環境が現れることとなった（図 3-8）。

　この効果検証を学生自身が深掘りするプロセスとして、「なぜ笑ってしまったの
か」、「この組み合わせの新しい点は何か」という思考を続けることが、自然と収束
思考につながり「面白いアイデア」という漠然としていたものを、説得力を持って
言語化し伝達可能な情報として発信することが可能となる。さらに、「面白い」と
いう体験を経ているため、第三者にその情報を伝える際にも「その面白さが伝わる
か？」を自問する習慣が根付き始めた点も興味深い。課題として与えられたテーマ
を義務的にこなす手法とは一線を画し、テーマを自分ごととして捉えていること
で、社会課題などであっても親近感ある身近な要素を切り口にすることがごく自然
に行われるようになった。

　「身近なことを考えましょう」と授業で学生に問いかけても教科書的な正解を求
める傾向がある中、この思考活用方法は有効に働いていると考えられる。同様の点
はビジュアル的な情報伝達資料の作成においても有効である。「キレイ」、「カッコ
イイ」、「カワイイ」といった主観のみに頼って表現伝達内容を考えがちだったの
が、第三者が同じ感覚を持ってもらえるかと共感性に基づいて考慮できるようにな

る。デザイン思考が狭義のデザインに回帰することで、デザイン専門教育を受けていない学生であってもデザインを視る目が養われてきている。

　この感覚を得た状態であれば最小限の知識と技術の基礎要素を学習修得することで、デザイン面でも専門に匹敵する人材として活躍できる可能性を十分に感じられるため、今後も実践教育として継続していく。

3　デザイン思考の実践「社会連携活動」

　大学における研究教育では、より一層の産業界との連携強化が求められ、学生が実際のプロジェクトに取り組む機会が増えている。実際の取り組みとしても地方自治体、企業などの組織団体と連携し公共施設や商業施設などでのイベント企画など実際の業務現場を体験するプロジェクト型授業を多方面に展開している。

　ビジネスや業界の現場での経験を通じて、理論だけでなく実践的なスキルや知識を身につけたいと期待して入学した学生に応えるため、これらの機会提供はより重要度を増しているが、浅い考えの状態でそのまま現場に送り出すことは出来ないため様々な事前学習やトレーニングが求められる。その中でもデザイン思考による問題解決プロセスの考え方は、多くの共感を得られるものであるため、社会連携活動においてこそデザイン思考の実践が必須となる。

　実際のビジネスにおけるリアルな課題だからこそ、多様性ある発想（発散と収束）を学生時に経験することは確実に将来のキャリア機会やネットワークを築く一助となり、理論だけでなく実際の問題解決能力を向上させる人材として活躍することが期待できる。

　デザイン思考は既述の通り、協力と共感を基盤としたアプローチと展開方法であり、柔軟性と創造性を大切にした人と人との深いつながりを通じて問題解決を行う手段である。多くの人々がデザイン思考を身につけ社会活動を行うことでより良い未来を築くことが期待できるため、専門分野を問わず教育学習に取り入れることが必要であると考える。

【参考文献】

Adobe（n.d.）.「Adobe Firefly ラーニングサポート」https://www.adobe.com/jp/products/firefly.html?gclid=CjwKCAiA98WrBhAYEiwA2WvhOrlcuQtdUyORZcNaRG7KTaTLh142EmTSWM0Etbs8ECsejphSlLIH-BoCcj8QAvD_BwE&sdid=MYYBRTHH&mv=search&mv2=paidsearch&ef_id=CjwKCAiA98WrBhAYEiwA2WvhOrlcuQtdUyORZcNaR

G7KTaTLh142EmTSWM0Etbs8ECsejphSlLIH-BoCcj8QAvD_BwE:G:s&s_kwcid=AL!3
085!3!673756479996!b!!g!!adobe%20firefly!20551369090!156467283347&gad_source=1#（閲
覧：2023 年 10 月）

花井優太・鷲尾和彦（2022）.『カルチュラル・コンピテンシー　tattva 別冊』ブートレグ.

原研哉（2003）.『デザインのデザイン』岩波書店.

メディアデザイン研究所（1999）.『10+1　No.17　バウハウス　1919-1999』INAX 出版.

面白法人カヤック（2017）.「ブレストカード」.

菅俊一（2017）.『観察の練習』NUMABOOKS.

高橋晋平（2012）.『∞（むげん）アイデアのつくり方』イースト・プレス.

谷口正博（2010）.「タイポグラフィ基礎教育教材」神戸芸術工科大学ビジュアルデザイン
学科.

第4章　経営教育におけるデザイン思考の効果

榎澤 祐一・谷口 正博

I　はじめに

近年、ビジネス実務の現場では、イノベーション創出のために複数の視点・複数の分野が関わる中で、自ら問いを立てて解決するデザイン思考のアプローチが重要視されている。

デザイン思考については、2005年にBusiness Week誌が"design thinking"と題した特集号を発行したことで、世界的に知られるようになり、日本では東京大学i.designをはじめ科学技術系学科を中心に導入されている（例. 黒川, 2012; 川瀬・森部・鎌部, 2022）。その一方で、デザイン思考はリーダーシップに欠かせない資質（黒川, 2012）であるにもかかわらず、リーダーシップが重要視される経営教育での実践的教育プログラムは多くはなく[1]、学士課程では殆どない。例えば、日本国内の大学経営学部で「デザイン」という語句を含む名称の科目の殆どは、個人としてウェブデザインや、コンピューターによるグラフィックデザインの制作に取り組むものであり、演習形式の授業である[2]。

また、科学技術系学科を含めて、日本の場合、デザイン思考教育についての外部への成果公開は十分に行われているとは言い難いという指摘がある（黒川, 2012）。

更には、ビジネス実務上での非デザイナーに求められるデザイン的な役割、スキル、業務実態についての研究は殆どないため、非デザイナー向けのデザイン思考教育の知見は不足していると言い得るだろう。特にビジネス実務教育の観点からの課題として、非デザイナー向け教育で養成すべきデザイン能力が不明確である。

そこで教育開発の端緒として、デザイン思考を導入した授業を実施して、リーダーシップの醸成効果を探索するとともに、リーダーシップが醸成されるメカニズムを探索することを研究課題とする。

Ⅱ　デザイン思考がもたらすリーダーシップに関する先行研究レビュー

　Topalian（1984）は企業組織でデザインが主導する役割として、デザインリーダーシップ（design leadership）の概念を1980年代から提唱している。デザインリーダーシップについては、学術的な一定の見解は存在しないが、経営学におけるリーダーシップ（例. Kotter, 1990）との比較よりも、デザインマネジメントとの差異として比較されることが多い。デザインマネジメントでは、所与の条件下での効果的かつ、コスト効率的なデザインによる解決方法を提供することに主眼が置かれるが、デザインリーダーシップで最も重要な役割としては①組織のビジネスの将来像を要約し、皆がそれに関与できるようにすること、②異なる立場のステークホルダーに対して、組織の戦略的意図の有形化に助力することである（Turner & Topalian, 2002）。つまり、デザインマネジメントと比較したデザインリーダーシップの特徴は、リーダーシップ行動の中でも、情報の要約や有形化に基づきリーダー・フォロワー間のコミュニケーションを円滑化する点にあると言えるだろう。

　デザインリーダーシップを定義づけるにあたり参考となる他の見解として、Dorst（2011）は、フレーミング（flaming）こそがビジネス実務実践上でデザイン思考の重要な役割を演じると考察しており、デザイン思考の実践では、フレーミングという言葉が頻出するという（Schön, 1983）。フレーミングとは、同じ意味をもつ情報であっても焦点の当て方によって意思決定が変わるという認知心理学的知見を応用し、問題への焦点の当て方を変えることで組織メンバーを問題解決やイノベーションに誘導する行為である（Dorst, 2011）。

　Dorst（2011）は、イギリスの若者が集まる街の夜間の治安問題の解決を例に、フレーミングによりデザイナーが夜の市街を「音楽フェスティバル会場」と見立てることによって問題解決する事例を取り上げている。これらの考察を基にすると、デザインリーダーシップとは、フレーミングを用いながら問題解決につながる組織の将来像や戦略を要約・有形化して、フォロワーの関与を促すことにあるだろう。

　日本でデザイン思考が注目される理由の眼目はイノベーションにあることから、本研究で実施する教育プログラムは、集団として問題解決に導く能力としてのデザインリーダーシップの醸成に着眼することとした。

Ⅲ　デザイン思考教授法としての PBL の理論的枠組み

　結論から述べれば、デザイン思考のスキル養成のための教育に適した演習法は PBL であり、その理由は PBL の教育過程が、デザイン思考の実行過程と近似しているためである。以下に、PBL の成立経緯からその理由を考察する。

　PBL は、Problem-Based Learning（以下、PbBL）または、Project-Based Learning（以下、PjBL）の略語とされ、国内での教育実務上、厳密に弁別することは少なく、両者を「プロジェクト型授業」と称することもある。しかし、両者の源流は異なっている。PbBL はバロウズ（Barrows, H. S.）によるカナダのマクマスター大学（McMaster University）での医学教育に源流があり、①学習は（教員ではなく）学生中心であり、②小集団で行われ、③教員はファシリテーターやガイドの役割を担い、④問題は学習のための刺激となり、⑤与えられる問題は問題解決スキルの発達に有用であり、⑥問題解決のための情報（知識）は個人学習を通じて獲得されるという特色によって定義づけられる（Barrows, 1996）。

　他方の PjBL は、Kilpatrick（1918）が提唱したプロジェクト・メソッド（project method）が進化し、Blumenfeld, Soloway, Marx, and Krajcik（1991）が学習心理学に基づいて PjBL として結実させたものである（佐藤, 2019）。

　Kilpatrick（1918）のプロジェクト・メソッドは、発表後の数年間でアメリカの初等学校で普及したが、①学習者の自主的な計画による実際的な活動、②学習者の性格・態度・道徳の形成に重点が置かれる点に特徴がある（陳, 2003）。

　そして、大学教育の文脈での両者の弁別性は次の通りである。PjBL では、「街中においてドローンで荷物を運ぶ」などの課題が教員から提示される。一方、PbBL では、「渋滞を避けて定時に荷物を運ぶ」といった課題のみが与えられ、学習者は個々人の知識を持ち寄りテーマ自体の定義から関与する（佐藤, 2019）。また、PjBL では、教員は学習者が回答を必要としたときのみに関与し、成果物の作成に主眼が置かれるが、PbBL では教員が活動過程全般において学習者と相互作用し、問題解決の過程で得た知識に主眼が置かれる（佐藤, 2019）。

　この状況をデザイン思考のプロセスに照らすと次の通りである。デザイン思考では試作品としてのプロトタイプ（prototype）作成の過程が重視される点で PjBL に近似したプロセスを辿ると考えられる。プロトタイプとは、精度をあえて問わずに作る試作品のことであり、デザイン思考を紹介する際に象徴的に取り上げられるこ

とが多い（例. 奥出, 2007）。そして、プロトタイプを作成する行動をプロトタイピング（prototyping）と呼ぶ。

そして、PjBL の成果物とデザイン思考のプロトタイピングの異質性としては、前者が教員から成果物が「ドローン」であると具体的に指定されるのに対し、後者では課題のみが示される中で学習者が自発的に考案して成果物を作成する点にある。そして、最初から手段の検討に立ち入らず、視野を広げて思索を深める点においては、デザイン思考は PjBL よりも PbBL と近似している。

PjBL を主体としてデザイン思考教育を実施した場合、成果物の作成に集中するあまり、学習者の問題解決的な態度を醸成することが困難であると指摘されている（小川, 2022）。また、課題 (3) は教員から与えられるものであるため、学習者の動機付けの程度が弱められる恐れがある（佐藤, 2019）。つまり、デザインリーダーシップ行動の醸成に寄与しない恐れがあるだろう。

他方、PbBL を主体とした場合の問題解決の検討過程は、講義や演習でのグループワークと同質的であり、進め方によってはデザインリーダーシップ行動の醸成に寄与しない恐れがある。例えば言語化能力が高い学習者が議論のリーダーシップを執り、十分な議論が無いままに、課題解決案が決まってしまうことがあるだろう。

小括すると、デザイン思考の実践プロセスとの近似性という観点で PBL を見たときに、PjBL では成果物の有形化を重視する点、PbBL として問題解決法の検討過程で学習者が問題解決スキルを獲得する点が指摘される。

これらの点から、PjBL と PbBL との融合が双方の懸念を払しょくする方法として導出されるだろう。先の例で言えば「渋滞を避けて荷物を運ぶ」というテーマを提示しつつ、学習者の思考が深まった段階で不足している視座を提示し、プロトタイピングを奨励する形で授業を進行する。以上が問題解決行動としてのデザインリーダーシップを醸成する PBL の理論的枠組みである。

Ⅳ　実証研究

研究の実施期間は 2021 年 10 月から 2022 年 1 月（調査1）と、2022 年 4 月から7 月（調査2）の 2 回であり、前者では問題解決行動としてのデザインリーダーシップの醸成効果を探索し、後者では問題解決行動としてのデザインリーダーシップが醸成されるメカニズムを探索した。筆者 2 名のそれぞれが同じテーマでそれぞれに

所属先経営学部の PBL 科目（全 15 回）を担当した。両科目間、また調査 1・2 間の双方で履修者は異なっている。また、谷口の科目は「東邦プロジェクト」という 2 年生以上の学生が履修できる基礎科目であり、全学の学生が履修可能である[4] 一方、榎澤の科目は「専門プロジェクト」という 3 年生以上が履修できる経営学部の実務科目である。

　筆者の主な役割として、谷口が教育プログラム開発を、榎澤が産学連携先のコーディネイトと履修者からのデータの取得・分析を主に担当した。

　履修者は調査 1 では特定の商品のプロトタイピングというテーマ、調査 2 では学内の模擬売店の企画・運営というテーマに取り組み、期間中は原則毎月 1 回の両科目の合同授業を実施した。合同授業では双方の履修者がプロトタイプや企画を発表し、他の履修者が発表者に助言・提案をしたり、意見交換したりする形で進行した。データの取得は、履修者が同一学部で構成され履修者の教育条件が近似している「専門プロジェクト」の履修者を対象とした。

1　調査 1

（1）仮説構築

　Nakata and Hwang（2020）は、デザイン思考を実践し、企業のイノベーションプロジェクトを推進した人々へのインタビュー調査の結果、デザイン思考が企業にもたらす正の影響のメカニズムについて、次の結果を報告している。

　・失敗しながら学ぶことは、実験的取り組みに正の影響を与える
　・ユーザーのニーズの発見は、アイディア創発に正の影響を与える
　・アイディア創発は、実験的取り組みに正の影響を与える
　・実験的取り組みは、新製品／サービスの性能的パフォーマンスに正の影響を与える

　同調査結果からデザイン思考がもたらす具体的な行動とは、「失敗しながら学ぶこと」、「実験的取り組み」、「ユーザー・ニーズの発見」、「アイディア創発」であると考えられる。これを前節で論じたフレーミングからの問題解決と合わせて概念図を示す（**図 4-1**）。この中で「実験的取り組み」はプロトタイピングと整合するだろう。

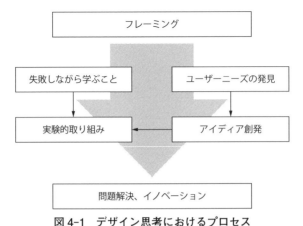

図4-1　デザイン思考におけるプロセス
（出所）Dorst（2011）、Nakata and Hwang（2020）を基に筆者作成。

　デザイン思考実践の第一歩であるフレーミングを通じてユーザーニーズが観察され、失敗からも学ぶことになる。前者はアイディアの創発を介して、後者は直接的にプロトタイピングを通じた実験的取り組みにつながる。そして、実験的取り組みが問題解決行動やイノベーションといった行動に帰結する。そこで、次の仮説を設定した。

仮説1
PBLによるプロトタイピングは、学習者の問題解決態度に正の影響を与える

　また、経営教育の事例ではないが、機械系、電子情報系、材料系の学部学生がグループで性能に関する要求仕様を踏まえたLEDスタンドの企画とプロトタイピングを実施したPBL授業の事例（藤原，2019）では、デザイン思考を意識した形で授業に取り組んだと報告しており、その目的を創造性の向上であると論じている。創造性は問題解決の上で必要なスキルである。そこでPbBLによるプロトタイピングの教育効果について、次の仮説を設定した。

仮説2
PBLによるプロトタイピングは、学習者の問題解決スキルに正の影響を与える

表 4-1　「創造的態度」尺度項目

尺度	項目
挑戦心・探求心	難しいと思うことほどやってみたくなる 解けないような問題ほど、解いてみたくなる 解決策がすぐには分からないような問題に、取り組むのが好きである 物事を深く追求する傾向がある 問題の解決策をあれこれ考えるのが好きである
積極性・自信	人の先頭に立って、いろいろなことをするのが好きである 自分の意見や考え方をはっきりと主張する 仕事は人の先頭に立ってするほうである 他人に言われてするよりも、自分から進んで何事もやるほうである 何事にも積極的に取り組む
持続性・集中力	気が変わりやすい R 気が散りやすい R あきっぽい R 何事にもなかなか集中できない R 困難にぶつかると、気がくじける R
独自性	すでにある社会的枠組みに組み込まれることに、抵抗がある 日常生活上の社会的ルールに強い抵抗を感じることがある いつも社会の規則にしたがって行動している R 物事は、決まりきった型通りのやり方ではしたくない 習慣にこだわらない
好奇心	好きなことや、やりたいことがいっぱいある 好奇心が強い 新しいことを試みるのが好きである 毎日の生活で、新しいことや変わったことを経験してみたい いろいろなことに興味をもっている
柔軟性	人が違った考え方をもっている時、その人の気持ちになって考えることができる 自分のことを客観的に見ることができる すでにある枠組みにとらわれず、新しい視点から物事を見ることができる 事実をありのままに客観的に見ることができる 物事を考えるとき、人とは変わった考え方をすることができる

R は逆転項目

（２）研究方法

　履修者が同一学部で構成され履修者の教育条件が近似している「専門プロジェクト」の履修者を対象として、第 1 回（2021 年 9 月 30 日）と、一連の教育プログラムが終了した後の授業回である第 14 回（2022 年 1 月 13 日）の両日に出席した 11 名に質問紙調査を実施した。具体的には教育効果としての学習者の創造性を計測する尺度である創造的態度尺度（林，1999）の内、回答協力者の負担を考慮して下位尺度ごとに因子負荷量が高い 5 項目を抽出したもの（表 4-1）をリッカート 5 件法により質問した。その結果、全員から回答を得た。

　同尺度を用いた理由は次の通りである。同尺度の名称は「創造的態度」であり態度面に着目したものであるが、下位尺度の内、「挑戦心・探求心」、「積極性・自信」、「持続性・集中力」は問題解決態度に、後者の「独自性」、「好奇心」、「柔軟性」は問題解決スキルに寄与すると考えられるからである。

　回答者全員が過去および現在において、他の PBL 授業の履修暦はない。

（3）教育プログラム

　産学連携先の知育玩具企業の知育玩具を用いて、「知育玩具を普及するためのアイディア創出」に履修者が取り組んだ。

　同社の知育玩具は、使用済み牛乳パックによるリサイクルペーパーを用いて作られた硬質なパズルである。パズルを組みあわせて①平面状につなぎあわせるか、立体物を作ることができ、②個々のパズルにはひらがな、カタカナ、数字、アルファベットのどれか 1 文字が刻印されており、そのくぼみを指で触れることで文字を覚えられる。筆記用具で色を付けることも可能である。

　また、製品のパッケージがリサイクルペーパーを用いている理由は地球環境への配慮からである。したがって、パッケージ案を考案する後者のテーマにおいては SDGs に配慮した同社の企業理念を踏まえることが与件として設定された。

　当初は、両テーマを授業内で取り上げ、履修者全員の討議により思索を深めた。履修者と SDGs や知育玩具についてのイメージの意見交換をしたところ、履修者は SDGs についての知識は浅いながら認識はしており、知育玩具に関する知識や接した経験は無いことが分かった。

　テーマを提示した当初のアイディア発想の方向性としては「知育玩具の販売金の一部を恵まれない人に寄付する」といったシンプルなアイディアや、「価格が高いので安くする」といった消費者のみの視点に立脚した意見、「一度色を付けると消せなくなるので消せるようにする」といった技術的に容易に実現困難な意見が導出された。すなわち、履修者が主体的に関与することを前提とした意見や、ビジネス実務的な観点での意見は無かった。

　そこで、教員からこの玩具自体を用いて企業が作成した雑貨収納棚の写真や、ピラミッド上に玩具を積み重ねてライティングすることで幾何学的なオブジェとしての美しさが表現されている写真を提示して、知育玩具という文脈から連想される「子供の認知機能の活性化」という枠組みから、「大人（学習者自身）がデザイン的

表4-2　尺度項目のα係数

尺度	α係数	
	第1回	第14回
探求心・挑戦心	.83	.90
積極性・自信	.72	.67
持続性・集中力	.88	.75
独自性	−.26	.89
好奇心	.95	1.00
柔軟性	.84	1.00

感覚を楽しむ」という文脈をフレーミングし、アイディアを活性化する操作を実施した。

　その結果、履修者が提案したアイディアは、①遊び方を提案するアイディアと、②パッケージ案を考案するアイディアに大別されたため、両者ごとに分かれてプロトタイピングに取り組んだ。遊び方を考案するグループは、グループ内討議を通じて考えをまとめ、その後、スマートフォンを用いて遊び方を紹介する映像の制作に取り組んだ[5]。パッケージ案を考案する履修者も同様に履修者間での討議の後、家にある文房具や段ボールなどを用いてパッケージのプロトタイプを作成した。そして、合同授業では、一方の科目履修者が成果をプレゼンテーションした後、他方の科目履修者が講評を行った。第13回には同社代表に参加していただき、講評を頂いた。教員からも含めた、これらフィードバックはポジティブなものが中心であった。

（4）結果と考察

　全問で同一の選択肢を選択しているなどの不正回答2サンプルを除外した9サンプルを対象として分析した。第1回、第14回ともに各尺度のα係数（**表4-2**）を算出の上、内的一貫性が認められた「挑戦心・探求心」、「積極性・自信」、「持続性・集中力」、「好奇心」、「柔軟性」の得点についてウィルコクソンの符号付き順位検定（Wilcoxon signed-rank sum test）を実施した（**表4-3**）。

　ウィルコクソンの符号付き順位検定を採用したのは、少数サンプルであるため、パラメトリック検定の前提である統計的前提の内、母集団分布の正規性と等分散性の仮定（水本, 2010）が頑健ではないと考えられたためである。

表 4-3　第 1 回と第 14 回の尺度得点の
ウィルコクソンの符号付き順位検定の結果

尺度	Z 値		効果量 r
挑戦心・探求心	− 2.20	＊＊	.83
積極性・自信	− 1.89	＊	.67
持続性・集中力	− 0.94	n.s.	.39
独自性	− 0.36	n.s.	.12
好奇心	0.00	n.s.	.00
柔軟性	− 1.15	n.s.	.47

＊ $p > .10$、＊＊ $p > .05$

　その結果、創造的態度尺度の内、「挑戦心・探求心」（$Z = − 2.20$、$p = .03$、$r = .83$）の得点は、第 1 回から第 14 回にかけて 5% 水準で有意に増加していた。「積極性・自信」（$Z = − 1.89$、$p = .06$、$r = .67$）の得点は、10% 水準で有意に増加していた。両者とも効果量も十分に大きい。しかし、「持続性・集中力」（$Z = − 0.94$、n.s.）、「好奇心」（$Z = 0.00$、n.s.）、「柔軟性」（$Z = − 1.15$、n.s.）の得点では、有意差がみられなかった。

　創造性に関する下位尺度の得点向上は「挑戦心・探求心」、「積極性・自信」に留まったことから、仮説 1 はおおむね支持、仮説 2 は不支持であった。

2　調査 2
　調査 1 の仮説 1「PBL によるプロトタイピングは、学習者の問題解決態度に正の影響を与える」はおおむね支持であった。PBL によるデザイン思考教育は「挑戦心・探求心」「積極性・自信」といった問題解決態度を向上させる可能性が示唆された。そこで調査 2 では、PBL によるデザイン思考教育がもたらす挑戦心や探求心および、積極性・自信が向上するメカニズムについて探索するために、履修者が教育プログラム終了後に記した振り返りの文章の質的分析を実施した。

（1）研究方法
　「専門プロジェクト」の履修者を対象に、一連の教育プログラム終了後の第 15 回（2022 年 7 月 28 日）に出席した履修者 6 名に対して、質問紙調査により、プロジェクトを通じた自分自身の言動に関する内省の記述を依頼し、全員から回答を得た。あらかじめ記述内容は成績に影響しない旨を告知している。回答者の 1 人が過去

に谷口・榎澤以外の教員による PBL 授業の履修経験があったが、本研究と同時期に実施された他の PBL 授業の履修経験者はいなかった。調査対象者を「専門プロジェクト」の履修者としたのは、実験 1 同様である。

（2）教育プログラム

　「東邦プロジェクト」の履修者は主に大学 2 年生であるが、「専門プロジェクト」の履修者は全員が大学 3 年生であり、2020 年 4 月の新型コロナウィルス感染症の流行直後に入学し、対面授業は 3 年生に入ってから受けており、オンラインを除けば学園祭などの大学のイベントに参加した経験がない。このような大学生活上での体験の乏しさを補うという教育的配慮も踏まえ「コロナ禍により 2019 年以降、閉鎖された学内カフェスペースを 1 日限定でオープンし、スペースを活性化させる」というテーマに取り組んだ。

　①プロトタイピングとしての取り組みは、カフェで提供する食品の試作を想定しており、プロトタイピングだけでなく実現までを目標としている点、②プロトタイピングは全員が取り組むのではなく、履修者間の相談により分割された役割分担の中で、該当するグループが担当する点が調査 1 と異なる。産学連携先は、閉鎖前にカフェを運営していた大学学校法人の子会社である。

　日本の大学では一般的な学生による学園祭の模擬店運営と異なる点としては、①2 科目の履修者が合同で出店するものの、学園祭実行委員会のように団体間コミュニケーションを統制する組織は無いため、両者間で自発的な組織間コミュニケーションを必要とする点、②学園祭のように公式な行事ではないため、学内への協力要請や宣伝が独自に必要な点にある。

　また、上述の模擬店運営では教員から衛生面、学内規則などの制約条件をあらかじめ示す場合もあり得るが、本授業では教員は最初からこれらに立ち入らず、履修者間の討議により考慮の必要性がある点を明らかにすることのみを求めた。ただし、費用については大学からの支援として認められる上限や使途の範囲を伝達し、履修者がまとめた申請内容を基に教員が大学に申請し執行する手続きを説明した。その後、学生が準備を進行する中で質問があったときに知識の取得法を助言した。教員からの能動的教示は、調理した菓子のプロトタイプに対して保健所から指導があった衛生面の配慮に留めた。保健所とのコミュニケーションを教員が担ったのは、保健所への届け出上、教員を窓口とする必要があったことによる。

　「専門プロジェクト」の履修者は、当初、自らの消費者としての体験から様々な洋菓子の提供を提案する者と、1日限りの出店が学園祭としてのイメージを喚起することからかき氷の提供を提案する者とに意見が二分した。最終的には討議の中で、履修者間で自作のフルーツサンドの提供をすることで合意した。「東邦プロジェクト」の履修者は、限られた履修者の人数やスキルでの実現可能性を考慮に入れ、簡単に提供できるインスタント・コーヒーなどのドリンク類の提供をメインとして既成の菓子類も提供することとした。最終的には「ドリンクも菓子も紙コップに入れて100円で提供する」というコンセプトを打ち出し、両科目の履修者間で合意した。

　「専門プロジェクト」ではフルーツサンドの試作に取り組んだものの、実際に調理してみると市販品と比較して消費者に受け入れられるよう、見栄えをよくすることが困難であることが判明した。また、それと並行して保健所からは学生による調理品の提供や、生クリームの使用の両面でフルーツサンドの提供は食中毒の問題があり容認できないとの指摘を受けた。

　この結果を基に「専門プロジェクト」では、商品アイディアを再構築し、「駄菓子のつかみ取り」と言うプランを「東邦プロジェクト」の履修者に提示した。しかし、「東邦プロジェクト」の履修者からは「今回のプランは紙コップに入れた商品を100円で提供するというコンセプトとかけ離れている」、「つかみ取りは新型コロナウィルス感染症への対策への配慮が困難である」として、商品案を再検討することになった。

　その結果「専門プロジェクト」では、レモネードなどのコールドドリンクを提供する商品プランに変更した。その後、長く使われていなかったカフェ空間の清掃、カフェに表示する商品メニュー、当日配付用のチラシのデザイン、学内放送を用いた広報などの準備を経て当日の営業を実施した。これらは「専門プロジェクト」と「東邦プロジェクト」の両者の履修者間で討議し、役割分担したものである。

　これらの流れは、第1回のガイダンス、第14回の本番日、第15回の振り返りを除けば、授業計画通りに進んだものもあれば、商品プランの再検討があった通り、大幅に変更したものもある。15回の授業概要を示した（**表4-4**）。

（3）結果と考察

　履修者の記述を基に共起ネットワーク図を作成した（**図4-2**）。語句の抽出後のグ

表4-4　「専門プロジェクト」各授業回の実施内容

授業回	内容
1	ガイダンス（授業到達目標、課題の提示）
2	課題を実現するための要素についての議論
3	カフェを実施する現場の環境整備・清掃
4	第2回で挙げたアイディアの具現化
5〜6	カフェのコンセプト、役割と役割分担の議論
7	提供する食品のプロトタイピング
8	価格設定、コスト計算
9	「東邦プロジェクト」との情報共有・意見調整
10	保健所指導を受けてのメニュー再考
11	「東邦プロジェクト」との情報共有・意見調整
12	各役割分担チームでの準備
13	カフェを実施する現場の環境整備・清掃、資材搬入
14	本番日
15	振り返り

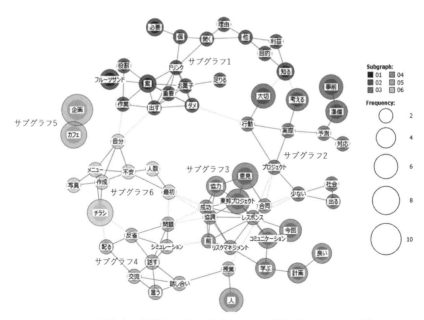

図4-2　履修者の授業振り返り文章における共起ネットワーク図

ループ分けと関連性を同時に表現するために、サブグラフ検出という手法で作成している。グループ分けは色の違い（濃淡）で示されている。最小出現回数は 60、最小 Jaccard を 0.2 に設定した。

　当初、履修者はフルーツサンドを「カフェ」で提供する「企画」を立て（サブグラフ 5）、目的を確認の上でプロジェクトを遂行した。授業では「スペースを人が集い交流する場所にする」というテーマを提示したが、採算性を重視するメンバーの意見が表出する中でプロジェクトの目的についての討議が交わされた。その結果、「利益」、「目的」、「理由」といった語句が表れている（サブグラフ 1）。

　サブグラフ 2 では「考える」、「事前」、「準備」、といった語句が共起しており、当初計画していたフルーツサンドの提供が保健所の指導により不可能になったことへの反省として計画性や準備の重要性を表明している。同様の反省的な内容は「話す」、「言う」、「話し合い」という語句があるサブグラフ 4 にもある。「問題」、「シミュレーション」、「反省」といった語句が共起しており、他の履修者とのコミュニケーションの重要性を捉えたものと解釈できる。

　「東邦プロジェクト」は「専門プロジェクト」の履修者にとっては協働先の組織である（サブグラフ 3）。「レスポンス」、「協力」、「協調」などコミュニケーションや協働に関する語句が共起しており、組織間コミュニケーションについての学びも多かったことがうかがえる。

　そして、本研究が目的とするリーダーシップ醸成のメカニズムに関連する点で注目されるのは「チラシ」を中心としたサブグラフ 6 である。宣伝を担当するチーム（3 名）の内、1 名が宣伝手法としてチラシを提案し、前年に履修したゼミナールで使用方法を習得したグラフィック・アプリを用いて告知のためのチラシのプロトタイプを作成した。しかし、本人として当初は他者からの評価に不安があった。そのため、チラシは「不安」といった感情表現と共起している。この不安が他の履修者からの評価によって自信に変わったことが次の文に記されている。

　自分で初めてチラシとメニュー表を作成して、不安などもあったが、いろんな人が高評価してくれて嬉しかったし、自信が湧いた。

　授業計画では提供する食品のプロトタイピングのみを想定していた。一方、チラシのプロトタイピングは、教員の指示ではなく、この履修者（他の PBL 授業の履修

歴はない）の提案によるものである。

　これより当該履修者の「グラフィック・ソフトウェアを操作できる」スキルを基盤としたチラシのプロトタイピングが、宣伝チームの他の履修者からの評価につながり、自信につながったと解釈できる。この履修者は、その後チラシだけでなくメニュー表の作成にも自発的に取り組み、宣伝を担当するチーム内でのリーダーシップ行動が観察された。つまり、他の履修者からの評価が、仮説 1 で確認された「挑戦心・探求心」と「積極性・自信」を誘発し、問題解決行動としてのデザインリーダーシップにつながったと見て取れる。

V　結論と示唆

1　結論
　本研究では、学士課程での経営教育において、問題解決行動としてのリーダーシップの醸成を目的とした PBL を実施することで、学習者の問題解決行動に対する他の履修者からの評価が、挑戦心や探求心および、積極性・自信に代表される問題解決態度を醸成する可能性を試論的に提示した。

　本研究の意義は次の通りである。第一にデザイン思考教育が、問題解決行動としてのデザインリーダーシップに必要な態度醸成に通じる可能性を実証的に示した点である。日本での経営大学院（ビジネススクール）を中心としたデザイン思考教育では、革新的アイディア発想やそこに至るスキルの装着に教育目標の主眼が置かれている。そして、これらはデザインリーダーシップの内、問題解決スキルに関連する。一方、本研究は問題解決の態度面としてのリーダーシップ醸成の可能性を示した点で意義があるだろう。この成果は、デザイン思考教育だけでなく、リーダーシップ開発教育にも示唆を与え得るものであるだろう。

　第二に、学習者の行動に影響を与える要素として、学習者間の相互作用に着目した点にある。大学での学習者同士によるポジティブなフィードバックがもたらす効果については、言語学・外国語学を中心に実施されている協同学習（cooperative learning）[6] や、医歯薬学・看護学分野を中心に実施されている TBL（Team-Based Learning）[7] での学習者間のピア評価の文脈で存在するものの、ビジネス分野かつ、学習者間の自発的な相互作用についての有効性、問題点に関する報告は殆ど無かった。

2　教育実践上の示唆

　本研究の成果がもたらす教育実践における示唆は次の通りである。第一には教員は学習者間のポジティブなコミュニケーションが活性化するよう配慮するとともに、プロトタイピングの際、学習者が他の学習者からポジティブな評価を得られる機会を増やすために1つの授業の中にも多様なプロトタイピングの機会を設けることである。

　第二には学生自身により授業計画外のプロトタイピングの場が提案されたときは、それを機動的に支援すること（例. プロトタイピングのための予算・資材の機動的な割り当て）である。プロトタイピングの機会の増大は、学習者間のフィードバックの機会を増大させるだろう。

　第三には、学習者が問題解決能力を演習内で発揮できるよう、デザイン思考教育の前には、その基盤となる様々なスキルを習得するための系統的学習の場を設けることである。近年、日本の学士課程の課題として学修の順次性への配慮が指摘されるとともに、各大学に要求されている（文部科学省, 2019）。専門知識がまだ十分に習得できていない学士課程の学習者においては、PBLによるデザイン思考教育の実施にあたって学習者がその発想力を広げ、能力を発揮するための配慮として順次性のあるカリキュラムの構築の重要性が改めて強調されるだろう。

3　残された課題

　本研究の課題としては次の点が挙げられる。第一に、本研究では知育玩具にまつわるプロトタイピング、模擬売店の企画・運営という2つの状況でのプロトタイピングをプロジェクトのテーマとして設定した。しかし、これらテーマ設定や、個人とグループのどちらで取り組むのか、といった状況要因が研究結果に影響を与える恐れについては検討していない。調査1のように全員一斉にプロトタイピングする場合と、調査2のようにプロトタイピングが自発的に行われる場合についても同様に再検討の余地があるだろう。

　第二に、デザインリーダーシップ醸成のために学習者間のポジティブなフィードバックの重要性を指摘したものの、学習者以外に授業に関与する教員や産学連携先からのフィードバックとの質的差異や効果の差異については、今後の研究課題である。

　このような課題があるとは言え、PBLによるデザイン思考教育の実施は、経営

教育の一環として非デザイナーのリーダーシップ教育において有益であると考え得るものである。他のリーダーシップ教育プログラムとの組み合わせにより、教育効果を最大化する方略の検討も今後の研究課題となるだろう。

【注】

(1) ビジネススクール（経営大学院）では、黒岩・吉橋（2022）、小川（2022）の取り組み事例の報告がある。これらの教授法はプロトタイピングなどによる演習である。

(2) 2022 年 4 月時点で日本国内の学部名に「経営」が含まれる大学学部のシラバスを参照し、科目名に「デザイン」が含まれる科目を調査した。該当する学部のカリキュラムは、専門職としてのデザイナー能力の養成を目的としていないことを確認している。その結果、59 科目が該当し、内 37 科目がデザイン制作（さらに内 16 科目がウェブデザイン制作）、内 10 科目がデザイン理論に関する科目であった。デザイン思考については 10 科目が該当したが、その内 8 科目は講義法による科目であった。なお、科目名に「デザイン」の語句が含まれていても①キャリアデザインやライフデザインに関する科目（デザイン思考を用いてキャリアデザイン教育を行う事例は、アメリカのスタンフォード大学〈Stanford University〉にあるが、同様の事例は無かった）、②他学部と共通で履修できる科目、③科目名が判明しても内容が判明しなかった科目は除外し、同名の科目で異なる教員が担当する科目は 1 科目として計算した。

(3) 経営学部の他に 2 学部がある。

(4) 本章では現状と理想像のギャップを問題、その解消のために取り組む事項を課題と定義している。デザイン思考がビジネス実務上、有用性を発揮するのは課題が不明確もしくは、探索が困難な状況の中で課題を特定する役割にあるだろう。

(5) 登場人物が製品の使用状況を演じた映像のことをデモムービー（demo movie）と言い、試作品などとともに、ビジネス実務上作成されることがあるプロトタイプの一種である。

(6) グループ学習に加え、学習者の学習スキルや対人スキルの習得を重視してデザインされた学習法である。振り返りを定期的に実施し、学習者の学習改善を行う点に特徴がある（安永・関田・水野，2016）。

(7) TBL は米国のビジネススクールで実践が始まった教育手法で個人学習による予習が学修の始点にあり、個人テスト、グループでのテスト、グループメンバーへのピア評価といったフィードバックの豊富さに特徴づけられる教授法である（Larry, Davidson & Clarie, 2014）。PBL と比較して教員の関与の頻度が少なくて済むため、大人数授業での対応が可能である点が利点である。ただし、学生の自主学習が学修の始点にあるため、学生の自発的関与が強く求められる点に実践上の難点がある。日本での研究報告例は医学部が中心である。

【参考文献】

Barrows, H. S. (1996). Problem-based learning in medicine and beyond: A brief overview. *New Directions for Teaching and Learning, 68*, 3-12.

Blumenfeld, P., Soloway, E., Marx, R. & Krajcik, J. (1991), Motivating project-based learning: Sustaining the doing, supporting the learning. *Educational Psychologist, 26*, 369-398.

陳曦（2003）.「都市におけるキルパトリックのプロジェクト・メソッドの特徴に関する考察―農村における実践例との比較を手がかりに―」『都市文化研究』*1*, 11-22.

Dorst, K. (2011). The core of 'design thinking' and its application, *Design Studies, 32* (6), 521-532.

藤原茂喜（2019）.「創造性開発のための集団発想教育（第3報）―要求仕様書の作成―」『公益社団法人日本工学教育協会　2019年度工学教育研究講演会講演論文集』40-41.

林文俊（1999）.「創造的態度の測定尺度に関する研究―理工系男子大学生を対象とした予備的検討―」『愛知工業大学総合技術研究所研究報告』*1*, 133-136.

川瀬真弓・森部絢嗣・鎌部浩（2022）.「デザイン思考力の向上に関する評価手法の構築―「デザイン思考序論」受講者の自己評価と成果物の評価の分析―」『ビジネス実務論集』*40*, 59-68.

Kilpatrick, W. H. (1918). The project method. *Teachers College Record, 19* (4), 319-335.

Kotter, J. P. (1990). What leaders really do. *Harvard Business Review, 68* (3), 103-111.

Larry, M. K., Davidson, N., & Clarie, H. (2014). Team-Based Learning practices and principles in comparison with cooperative learning and Problem-Based Learning. *Teaching in Higher Education, 25* (3 & 4), 57-84.

黒岩健一郎・吉橋昭夫（2022）.「ビジネススクールにおけるデザイン思考教育の実際と課題　青山学院大学大学院ビジネススクール編」『日本マーケティング学会　第14回デザイン思考研究報告会』（オンライン発表（期間限定配信）https://www.j-mac.or.jp/research-project-new/30994/）（2022年3月19日閲覧）

黒川利明（2012）.「大学・大学院におけるデザイン思考（Design Thinking）教育」『科学技術動向』2012年9・10月号, 10-23.

水本篤（2010）.「サンプルサイズが小さい場合の統計的検定の比較―コーパス言語学・外国語教育学への適用―」『統計数理研究所共同研究リポート238「言語コーパス分析における数理データの統計的処理手法の検討」』1-14.

文部科学省（2019）.「専門職大学等の設置構想のポイント」（https://www.mext.go.jp/component/a_menu/education/detail/__icsFiles/afieldfile/2019/01/11/1410450.001.pdf）（2022年8月22日閲覧）

Nakata, C. & Hwang, J. (2020). Design thinking for innovation: Composition, consequence, and contingency. *Journal of Business Research, 118*, 117-128.

小川亮（2022）.「ビジネススクールにおけるデザイン思考教育の実際と課題　明治大学ビジネススクール編」『日本マーケティング学会　第14回デザイン思考研究報告会』（オ

ンライン発表（期間限定配信）https://www.j-mac.or.jp/research-project-new/30994/）
（2022 年 3 月 19 日閲覧）

奥出直人（2007）．『デザイン思考の道具箱―イノベーションを生む会社のつくり方―』早
川書房.

佐藤隆之（2019）．「プロジェクト・メソッドからアクティブラーニングへ―『学習者中心
のインストラクション戦略』の可能性―」『早稲田大学大学院教育学研究科紀要』29,
77-90.

Schön, D. A.（1983）. *The reflective practitioner: How professionals think in action*,
Temple Smith.

Turner, R. & Topalian, A.（2002）. Core responsibilities of design leaders in commercially
demanding environments. Inaugural presentation at the Design Leadership Forum.

Topalian, A.（1984）. The role of company boards in design leadership. *Engineering
Management International, 2*（2）, 75-86.

安永悟・関田一彦・水野正朗編（2016）．『アクティブラーニングの技法・授業デザイン』
東信堂.

第Ⅲ部

社会における大学と経営教育

解題

第Ⅲ部では、経営系学部での産学連携授業の実態を企業側の視点から記述する。経営教育の手法として、第Ⅱ部第4章ではPBLの活用について論じたが、その際に産業界の実践に即した教育運営をするためには企業の協力が欠かせない。

日本において大学の産学連携とみなされる活動は戦前に工学分野で始まり、今日では教育活動や研究活動において大学と企業やNPOが連携して活動することを「産学連携」と称するようになった。さらに公的機関との連携も含めて「産学官連携」という場合もある。

そして、日本での産学連携の制度化は1995年の科学技術基本法の制定に始まり、主に大学などの研究機関における科学技術の産業利用を主眼として発展してきた（文部科学省, n.d.）。そのため、経営学・商学系学部を含む社会科学系学部での産学連携については、具体的な政策的含意が乏しい。唯一その方針を示唆しているのは、以下の科学技術・学術審議会 技術・研究基盤部会による2003年4月28日答申（文部科学省, 2003）である。

特に経営・法律等の社会科学については、教員の知見を社会で活用するという観点のみならず、学問的発展や社会に有為な人材の養成という観点からも、実社会における研究成果の実証や情報収集は極めて重要である。したがって、今後は、専門職大学院等を中心に、人材交流や共同研究、インターシップ等の日常的な産学官連携に積極的に取り組んでいくことが求められる。また、MOT（Management of Technology：技術経営）など人文社会系と自然科学系の融合分野についても今

後の取組が求められる。

　この示唆を科学技術の産業利用における産学連携と対比した際に、経営学系学部の産学連携の目的における際立った特徴は、①学生の人材育成、②教員の実社会に関する情報収集、③人文社会系と自然科学系の融合分野への取り組みにあると言えよう。

　例えば、経営学部で実施されるマーケティング系科目での産学連携では、企業の商品開発に学生が参加するプロジェクトが実施されることが多い。これは商品開発活動を通じた学生のマーケティング実務への理解促進という点で人材育成につながり、教員の実社会の情報収集にも寄与するだろう。しかし、人文社会系と自然科学系の融合分野への取り組みが実施されている例は極めて少ない。また、本答申は科学技術の産業利用を主眼とした産学連携に関する答申であるため、産学連携における企業のメリットがあることを前提に議論が進められており、社会科学系学部の産学連携が企業に与えるメリットの内実への言及はない。

　マーケティング教育での産学連携の例で言えば、産学連携のきっかけとしては、企業から大学側に産学連携の依頼が行われるパターンと、その逆がある。前者では企業が産学連携を通じて得られるメリットが念頭にある上で大学に明示し、大学側としては、そのメリットへの期待に応じた効果創出に向けて活動する。後者のパターンでは、大学との連携について大学から具体的なメリットの提示がされないか曖昧な中、企業側は企業活動の論理で産学連携に投じるコスト（費用、時間、人的資源）に見合うメリットを思い描き活動を始める。その結果、実績が期待に見合わず、経営学・商学系学部との産学連携自体にネガティブなイメージをもつに至るというケースもあり得る。

　筆者（榎澤）は中小企業と大企業での勤務経験があり、企業側の論理を実感できる立場でもあるため、大学教員である現在はこのような問題意識の下、産学連携を模索し続けている。したがって、企業側との初期的面談の中ではビジネス上に限らず企業としてのメリット／デメリットを考察し明示するようにしており、企業側としてメリットとして感じられない場合はプロジェクトが不成立になる例も多い。

　そこで、第4章ではプロジェクトの遂行と継続（3年間）に至った一例として、比較的成功したと言い得る例を紹介する。

　産学連携における企業側の視点を知る点において、アンケートやインタビュー調

査などの回答データではなく、一事例について企業経営者がありのままに実態を執筆している例は稀有であろう。また、大学によっては企業連携を伴う科目を開講する際に履修者の選抜を行う場合もあるが、本例では実施していない。そのため、特殊な成功事例ではなく、どの大学でも実践可能な再現性のある事例として捉え得るだろう。

　そして、最後に経営教育を実現するためには、学生に求める前に教職員全体に対し、足元にある経営組織としての大学運営自体への参画を促すことが推進力となる。その一例として、第6章では大学でのインナーブランディングの事例が描かれる。

　組織内部でのブランド構築を「インナーブランディング」と呼ぶが、教職員を対象としてインナーブランディングに取り組んだ2014年度から2018年度までの5年間におよぶ経過が記述されている。筆者（上條）は産業界で長年ブランド構築に従事したブランディングの専門家であり、大学教員でもある。

【参考文献】
文部科学省（2003）.「3. 今後の産学官連携のあり方」『資料4　新時代の産学官連携の構築に向けて（審議のまとめ）』https://www.mext.go.jp/b_menu/shingi/gijyutu/gijyutu8/toushin/attach/1332041.htm（閲覧日：2023年2月25日）
文部科学省（n.d.）.「産学官連携の系譜」https://www.meti.go.jp/policy/innovation_corp/sangakukeifu.html（閲覧日：2023年2月25日）

第5章　産学連携の実践と課題
―企業の視点から―

大平　里香

I　愛知東邦大学との産学連携事業のはじまり

　弊社の商品開発は我が子のために理想の知育パズルを探し求めたことがきっかけである。個人事業主として知育パズルの商品開発を経て、現在は商品名を冠した株式会社 ZINAZOL（ジナゾル）として知育玩具の販売事業をしている（**写真 5-1**）。

写真 5-1　知育玩具「ジナゾル」

　「産学連携事業をしてみませんか」と榎澤祐一講師（当時）から連絡があり、2021 年の初頭に面談をした。最初の面識は、榎澤講師がまだ大学院生でいらした 2019 年であった。東京の嘉悦大学大学院ビジネス創造研究科の講義の一環で、同大学院の河上高廣教授のもと、商品開発についてゲストスピーカーを私が務めた時のことであった。知育パズル「ジナゾル」の販売を始めた 3 年目である。その後、榎澤講師が愛知東邦大学に就職され、そこからご縁を頂戴して現在に至る。

　近年、よく耳にする産学連携事業について、詳しい内容は見識がなかった。榎澤講師からは、「御社の運営上、困ったことはないでしょうか？」と課題解決を目的

に打診された。未経験で始めた事業に私は困り事をいくつか抱えており、渡りに船だった。デザイナー、コンサルタントと、あらゆる専門家を通じて弊社のブランディングを試みたが、どれも商品イメージの見解の反りが合わず不発。金銭的な出費が重なるだけでなく、他者に依頼する度に商品そのものの特質を見失い、不安要素が増えるばかりだった。これまでのようにブランディングを人任せにするのではなく、愛知東邦大学とのプロジェクトにより私自身が商品について再分析ができ、見えなかった何かを紐解けるのではと期待した。奇しくもコロナ期、亀の歩みで産学連携事業は始まった。

Ⅱ　商品開発の経緯

　弊社は、名古屋市守山区にある株式会社千代田と業務提携をし、商品開発を共同で進めてきた。私の実父が経営するいくつかの会社のうちのひとつが同会社であり、抜き型加工業を主力としている（**写真5-2**）。

写真5-2　ジナゾルを共同開発した株式会社千代田

　商品開発のきっかけは、息子の誕生だった。2005年、私の長男が知的障碍を伴うダウン症候群という特性をもって産まれた。知的障碍を伴う息子の将来を見据えて、楽に文字を覚えるための玩具を探し始めた。理想に近い手指を遣う物で、学校教材として販売されていた積み木を見つけたが、4万円を超え玩具としては高価格帯だった。サイズは3〜5センチ角の立方体で、一般的なフォントデザインである明朝体のひらがなが一面ごとに一文字彫刻され、文字は黒色であった。明朝体は、

子供の目には形式的で冷たい印象がした。また、高額な価格の教材は、個人の育児の一時の使用には相応しくないと思った。

　私は息子に玩具を工作で作っており、無いならば作ろうと、文字パズルを自力で制作し始めた。文字を溝状にし、指でなぞれるような構造にした。そのアイディアは、幼い息子と散歩する折、橋の欄干にある石板に彫られた名称を息子に指でなぞらせていた習慣から派生した。彫り込まれた文字を指でなぞることは、子供にとって好奇心を引かれるものである。カード状でなく、パズルにした理由は、立体に組むこともできるようにするためである。

　試作品はスチレンボードを使用した。板状の発泡スチロールを芯として、表面と裏面に紙が貼られている2ミリ厚の厚紙である。相対する文字を表と裏に配置するため、パズルは3層構造となった。文字を抜いた1層目、2層目は文字のない同じ形のパズルを作り、3層目は裏面に文字を抜いたパズルである。合計3枚のパズルを貼り合わせて、ひとつ完成する。相対する文字は、表面に「ひらがな」、裏面に「カタカナ」を配置した（**写真5-3**）。

写真5-3　スチレンボードで作成したジナゾルの試作品

　文字の配置には特性がある。表面を本のページのように裏返すと、裏面の文字は右回転90度で配置されている（**写真5-4**）。これは、パズル形状に文字の位置を合わせた設計による。外周の凹凸は、左上角から右下角を結ぶ対角線で対称図形に構成している。この対角線を軸にして裏返すと、文字は正確な位置にある。それは試作段階のミスから偶発的に発生した設計だ。

　当初は本のページをめくるように裏面と表面の文字を配置していたが（**写真5-5左**）、大量制作をしているうちに私が間違えてパズルの形状に合わせて文字を配置

写真5-4　本のようにめくる前（左）とめくった後のジナゾル（右）

してしまった（**写真5-5右**）。ところが、これにより、ジナゾルは表面と裏面を並べて利用できるというメリットが偶然発生した。例えば表面にアルファベットの大文字、裏面に小文字を配置すれば、パズル遊びの際、「Mike」など、大文字と小文字を使うことが可能である。本めくりの配置にしたカタカナの「イ」（**写真5-5左**）は、ひらがな「れ」とパズルとして連結はできないのが見て取れる。

写真5-5　試作段階（左写真）と大量制作時（右写真）のジナゾル

　私が制作した文字パズルを息子に渡すと、何の指示も受けずに息子は指で文字をなぞった。ダウン症の特性である「手指の不器用さ」があるが、好奇心により指先でなぞる行動まで誘引できた。後々、健常の子供たちへのモニター観察においても同じだった。

　平面のパズル遊びだけでなく立体のブロックや積み木として遊ぶことができ、類似品の存在を調べたところ、見当たらなかった。このサンプルの段階で、知財の権利取得を目指すことにした。実際の完成品はパズルの厚みが変更された。外周の凹凸の深さの特性により、複数の立方体を隙間なくピタリと嵌合でき、子供の身長を超えるほど積み上げることができる製品となった（**写真5-6**）。

　一方、私の育児は困難ばかりだった。息子が2歳、3歳と年齢が上がるにつれ、

写真 5-6　積み上げたジナゾル

同じダウン症の子供の中で、発育が著しく悪いのが目に見えるようになった。それでも、いつかこの子でも働く日が来て、文字パズルが仕事を生む仕事になればと、ささやかな希望を抱くようになった。それは私が想像できる範疇のみの発想だったため、実父に実現化の可能性を尋ねた。「ひとつの商品から色々な仕事が産まれる」と実父は答えた。我が子の発育の不安は未来への不安と言える。未来の扉を開く鍵が自分の手の中にあることは、日々の大きな励みとなった。

Ⅲ　商品開発からブランディングまで

1　商品の試作

　私は商品開発について未経験で、工場の職人との連携は必須だ。製造工程のほとんどを株式会社千代田内にある機械で製造できなければ、ほぼ不可能だ。親身になってくれる職人の知識やアイディアがなければ、試作は回り道をし、出費は多大となる。水野真二副社長（当時）が直接の窓口となって下さった。パズルの抜き型を製造していたキャリアがあり、技術面は幸運に恵まれた。

　四苦八苦したのは素材だった。理想に沿う素材が見つからなければ、商品化は不発に終わる。スポンジのようなウレタン、カラフルなプラスティック合成樹脂の合板などを取り寄せたが、抜き型で加工はできなかった。社内にあるウォータージェット加工機、レーザーカット加工機などで試作した。ウォータージェット加工機でのウレタン加工はカットした角が鋭利な仕上がりとなり、子供の肌には安全が

守られず不向きである。プラスティック樹脂の合板はレーザーカット加工を試したが、素材そのものに工業製品特有の冷たさがあり、優しさや温もりが感じられず、どれも商品化には至らなかった。抜き型と異なり、ひとつひとつの加工に時間が掛かるのもコスト面で不都合だった。

　ある時、水野副社長から連絡が入り、エコ素材を薦められた。それは、牛乳パックを100％再生した板状の紙だった。ほどよい厚みと丈夫さ、手触りは温もりがあり、国内の食品衛生法をクリアした低アレルギー製品。一目で幼少期の子供に最適だと感じた。自宅に持ち帰り、スプーンの軸で圧をかけて線を描き、上から色鉛筆でざっと塗った。凹んだ線は色が乗らずに浮かび上がった。板紙に文字の型でスタンプすれば、くぼませることができるだろう。抜き型で抜くことができる素材なので、量産が可能である。最も期待が高まった日だった。

　文字の金型は安価に済ませるため、近隣の町工場を尋ねた。しかし、一般的なレーザーカットで対応できる13ミリ厚の金属では、試作の工程で量産のプレスに耐えられなかった。そこで、株式会社千代田が保有する精密機械用の部品を作るワイヤーカット加工の機械で、20ミリを超える厚みの文字の金型を試作した。加工の際、高温になるので、機械には冷却するための水槽がある。冷やしながら硬度の高い合金を加工するには、ひとつ製造するために時間がかかる。外注でのレーザーカットの文字型は高くても1文字2,000円程度までだったが、ワイヤーカット加工では一般価格で3万円〜である。ここからさらに職人の手によるエッジ等の仕上げ代が1文字ごとにかかる。ジナゾルの文字型は作り直しも含めて、100文字以上を製造した。これが外注であれば商品に見合わない高額な費用が発生する。刻印は美的に優れるがコストが高いため類似品が出にくいだろうと考え、内製のメリットに改めて気づかされた。

　なお、文字のデザインは、すべてオリジナルで「お母さんの書く文字」をイメージした。子供が初めて触れる文字が本製品かもしれないので、微細な部分までデザイナーと修正を重ねた。線を分かりやすくし、指を大きく動かせるようにした。金型の文字は想像以上に美しく完成した（**写真5-7**）。

　この時点で製造段階は初段階だ。板紙の厚みを変えた試作の結果、3ミリ厚のもので抜き加工をすることとなった（**写真5-8左**）。

　サンプル制作でのスチレンボード製のパズルの凹凸の深さは紙厚に合わせた6ミリの設計だ。試作で抜き上がったパズルを立方体に組むと、予定の2分の1の紙厚

写真 5-7　ジナゾル上に文字を刻印するための金型

写真 5-8　3 ミリ厚の板紙による試作品（左写真）、
6 ミリ厚のスチレンボード製の立方体と 3 ミリ厚の板紙によるもの（右写真）

写真 5-9　各辺の凹凸が嵌合して積み上げられた立方体

のため、凸部分がちょうど紙厚だけはみ出した（**写真 5-8 右**）。水野副社長が、積み重ねた 2 個の試作品をテーブルの上に置いたところ、はみ出した凹凸が互いに嵌合し、しっかりと安定していた（**写真 5-9**）。その形状特性により、どの面でも嵌合

はできず、合う箇所を探す必要があり、ゲーム性のある立体パズルとなった。偶発的とは言え、楽しみの幅が広がる嬉しい仕上がりとなった。

　次にここでも問題が発生した。嵌合の強さの微調整だ。「子供の手で、立方体に組めて解体することもできるように」するための調整は職人を悩ませた。解体できないように嵌合を強くすることは容易だが、組み立てと解体、これは相反する要望だ。この試作は納得するまでの繰り返しとなった。

　文字を刻印する作業は、いくつか工夫が必要だった。板紙に対し、適切な圧力調整の可能なプレス加工機を職人の経験から選んだ。また、前述の通り文字の配置には独特の規則がある。表面と裏面の文字が90度、右回転している。機械加工だが紙を裏返すことを含めて、工程の基準を作らなくてはならない。板紙の表面に反転した文字の型で刻印し、裏面には文字を回転させるが反転している文字のために左右を考えなくてはならない。その上、パズル型の抜き加工をするのだが、板紙の特性に合わせ、抜き型と加工方法に工夫を凝らさなくてはならなかった。それらの作業工程を出さなければならない。ジナゾルのからくりは、現場にもからくりを与えてしまった。まさに頭の下がる思いである。現場の苦労を乗り越え、繊細な工程のもと、商品化が徐々に実現へと向かった。

2　息子や子供たちによるジナゾルの試遊

　同時に私は母親として息子の育児に取り組むことも忘れてはならなかった。知的障碍のある息子に対して、代替的な教育方法であるシュタイナー教育や、モンテッソーリ教育、また、スウェーデンやオランダの教育先進国での教育状況を調べていた。どの幼児教育でも、子供の意欲を引き出し、自発的な行動を支援することが親の立場であり、手指を遣った実態のある遊びが共通していた。それに反して、タブレットなどによるIT環境が台頭してくるのは目に見えていた。親の意識は高まり、手指を遣うアナログな玩具は永遠に残り続けるだろうと予想できた。このことは商品が生き残るための大切な要素になると考えた。

　海外の育児事情を知ることで、玩具にはシンプルさが想像の場となることが分かった。イラストや印刷のないパズル作りに特化すれば、色を塗ったり、絵を描いたり、自分の想像力を注ぎ込む余白になる。

　ジナゾルは手指活動を目的に、6枚使って立方体に組めるように設計したものである。対角線での線対称図形のため、大人でも形をよく見て考えなければ組み立て

　られない。だが、当時6歳の息子にジナゾルを試遊させたところ、自分から立方体を組み立てた。その頃の息子の知的障碍の程度は田中ビネー式知的検査の結果によると1〜2歳の水準だった。それでありながら息子はパズルの向きを手で回し、嵌合できる位置を考察し、トライアンドエラーを繰り返し、長い時間集中し完成させた。一般の子供たちへの試遊でも、長時間にわたる同様の行動が見られた。障碍どころか年齢を問わず、どんな子供でも大人でも夢中になる姿は微笑ましいものだった。恐らく、立方体は簡単に見えるゴールなので、あと一歩でできそうだと頑張りが利くのではないだろうか。立方体を8個使用して、さらに大きな立方体にするには、縦横奥行の三次元の立体パズルになるので複雑さは増す（**写真5-10**）。この仕掛けには感心されることが多い。

写真5-10　立方体を8個使用して組み立てた立方体

3　知的財産権の申請

　育児と工場での試作に並走して、特許、実用新案、商標登録などの知的財産権の申請を順次着手しなくてはならなかった。これらの取得には長い時間がかかるため、アイディアの発案時に郵便局の内容証明を利用することが多い。商品の特性を文章化し郵送することで、発案の日付の証明をするのだ。ここまでにあるように、ジナゾルの設計を文章化するのは私を悩ませたが、これも必要なことだ。

　初期の弁理士との出会いは芳しくなかった。意匠権の取得もしたかったが実用新案登録までしか得られない結果となった。しかし、権利取得には期限があり、急がなくてはならなかった。

　意匠権の取得にあたっては、既に取得していたジナゾルの実用新案登録が足かせとなった。何人かの弁理士に相談したが3人目の弁理士までは、これ以上の権利取

得は不可能だとの見解であった。それでもあきらめきれずに信用金庫の知財セミナーに参加した結果、権利取得の可能性はゼロではないと知った。その縁からある弁理士を紹介され、神奈川県まで足を運び、申請の依頼をした。その結果、部分意匠権と意匠権を取得できたのは幸いであった。さらにアイディア流出を防ぐために製造委託契約を株式会社千代田と締結した。

　権利取得について、期限内に間に合うべく速やかに行動できた。その背景には幼少の頃より「世の中には特許というものがある」と実父から教えられてきた経緯があった。「他者の権利を事前に調べ、それを侵害してはならない」。その発想は、競争社会でありつつも、他者のアイディアを尊重するという平和的なもので、子供心に感銘を受けた。

　先述の内容証明書の書き方も、実父の指導によるものだ。面白いアイディアがあれば試作をし、持ってくるように言われた。その都度、内容証明書を作成した。また、実父の知財にまつわる経験から権利のある製品が、どのような未来をもたらすかは誰にも予知できないことだと聞いた。小学生時代には、美しい図面の書き方、社会で通用する単位など、発注のための基礎を教えられた。長い時間をかけて開発の手順を私は経験していた。このように親子間の会話は、子供に「行動の種」を与えるので大切にしたいものである。

4　商品のブランディング

　商品開発が終わり、美品に優れたジナゾルのパズルを持ち、デザイナーを探した。商品の販売促進ツール（パンフレット、セールスコピーを書いたPOP）を制作しなくてはならないのだが難航した。販促物が揃わない状態であったが、試しにと声を掛けられ、2016年に東京・渋谷で開催された国際展示会に出展した。その結果、300ブース出展の中「HomeDeco賞」というイギリス人ジャーナリストが選ぶディスプレイの賞を受賞した。

　また、大手百貨店のバイヤーが訪れ、予想を上回る状況になった。ただし、販売するに至り準備ができていないため、こちらから取引を辞する事態を招いた。すなわち、ジナゾルに関心を寄せたバイヤーから、消費者には細かな説明書が必要で、目の前にジナゾルがたくさんあっても、どう楽しんで良いか分からないと指摘された。

　ジナゾルのブランディングがままならない理由は、新規性が高く、これまでの玩具に見られるような「説明書のとおり」に子供が創造するものとは異なる玩具で

あったことだ。パズルの要素があるだけでなく、自分で色を選んで塗るジナゾル。「子供の発想力を注ぎ込む自由度の高さのあるアート寄りの玩具」であるために、デザイナーやディレクターのブランディングの切り口はどのようにもなり、私の思いと一致しないことが生じた。

　ようやくパンフレットが完成したのは、2020年11月だ。デザインしたのは、名古屋商工会議所を介し依頼した女性デザイナーである。同時に、商工会議所から小規模事業者持続化補助金の制度を教えてもらい、2回ほど補助金の活用をした。

　国際展示会以降、あらゆる取材が続いた。2016年11月・育児雑誌『コドモエ』、2018年2月・地域冊子『フリモ』、地域新聞『かなれ』、3月・『中日新聞』経済面、4月・『中日新聞』社会面コラム、2019年4月・『中部経済新聞』、6月・ムック本『今の大ヒットはこれだ!!』と、広報面で恵まれていたと言えるだろう。

　そのような中で、文字の刻印の無いジナゾルを希望するお客様が現れた。それを新商品として、2018年12月クラウドファンディングサイト「Makuake」に出品したところ、無事に目標金額を達成し商品販売にこぎつけた。そこから、東京・新宿の東急ハンズで展示体験販売会を3か月に1回ほど開催するようになった。

　しかし、2020年3月から新型コロナウィルス感染症予防のために商品体験会が開催できなくなり、商品販売の動きが止まった。お客様の反応を見ながらPOPのセールスコピーの制作や店頭での説明を試していたので、商品販売やブランディングについて知見を深められなくなった。

　そこで、この期間を内部拡充の時間とみなした。この時まで大手玩具商社や老舗百貨店と縁を持ったが、私はいつも満足ではなかった。ブランド構築を基盤としてオリジナリティのある販売戦略の確立ができていないからだ。今の状況に危機感を抱いていた。

　2020年11月にパンフレットが完成し、実質2021年からスタートしたジナゾル社である。商品の面白さや価値を伝えるためのツール作りは、これからだった。

Ⅳ　産学連携事業

1　産学連携事業の初期

　そして、2021年4月から榎澤講師、谷口准教授の授業を中心に経営学部・上條憲二教授、教育学部・堀建治教授、人間健康学部・橘廣教授とともに、産学連携事

業が始まった。榎澤講師、谷口准教授の両名とも実務経験があり、谷口准教授は今も自身の会社を経営する事業家のため、私はあらゆる観点から学び直す思いだった。

　産学連携事業の初年度は、新型コロナウィルス感染症が流行しており大学外でのイベントはできなかった。そのため授業では学生がジナゾルのパッケージや広告動画などの提案を行い、地域のケーブルテレビ局から取材を受けた。例えば、学生は独自のキャラクター「ジナゾルくん」が案内人となり、ジナゾルの説明を分かりやすく描いた動画を作成した。動画は産学連携事業の YouTube チャンネルに投稿（https://www.youtube.com/@user-yh5rd4oe9n）、弊社のウェブサイトでも共有している（**写真 5-11**）。

写真 5-11　ジナゾルのキャラクター「ジナゾルくん」

2　産学連携事業による販売の改善

　ブランディングとして私が思い直したのは、ジナゾルは「字をなぞる」玩具であることだった。榎澤講師の指導の「売る人に商品について分かりやすく伝える」という販売の基礎からだ。それまでは、お客様（乳幼児の養育者）に向けたメッセージばかり考えていた。

　弊社はイベント出展を重ねる度に、「こんなこともできる」、「あんなこともできる」と、フレッシュさを求めていた。新しい遊び方を中心に展開しようとするので、本来のテーマである「字をなぞる」が霞んでしまい、販売する人に分かりづらい状況になっていた。

　そこで、売る人へのシンプルな商品説明の必要性から、「指一本で字を覚えよう」というセールスコピーを作り、「それ以外にも色々な遊びができる」という流れを汲んだポップを完成させた。初めて売り場に立つ販売員が見たこともない商品であっても、ポップを読み上げながら商品説明をすることが可能だ。名古屋市内の某

百貨店にてポップを掲示したところ、数カ月以内に売上が伸びた。産学連携事業の学生がスタッフとして店頭に立つ時、誰もが同じように説明ができ、統一された接客へと結びついた（**写真 5-12**）。

写真 5-12　百貨店に展示したジナゾルの POP とパンフレット

　3 年目前期の商品販売会では、前年度から引き続いたセールスコピー「指一本で文字を覚える」の展開に加え、文字パズルとして見本をより強く提示する販売促進に移行した。

　お客様にアニバーサリー写真としてのアプローチを提案した。子供モデルの写真パネルと名前と年齢を文字で組んだジナゾルの見本を並べてディスプレイし、「○か月祝い」、「○歳祝い」など、年齢を経て子の成長記録をする楽しみを大人に向けて展開をした。これまで、「赤ちゃんへの出産祝いにはまだ早い」と購入を控えるお客様の声があったが、「赤ちゃんを囲む大人の楽しみ」として販促が叶った（**写真 5-13**）。

写真 5-13　アニバーサリー需要を見据えた商品ディスプレイ

3　愛知東邦大学の教員との交流

　産学連携事業と並行して、愛知東邦大学の先生方との交流も積極的に行った。

　産学連携事業の1年目には人間健康学部・橘教授の書籍『子どもの手指活動と
発達』（三恵社、2019年）を拝読し、翌年に橘教授の講義（発達心理学、神経生理心理
学）を科目等履修生として1年間受講した。

　今までは幼児教育の観点で商品を見ていた。人間の発達や心理を学び、講義で学
んだことは、短い幼少期こそ大切な期間であり、どんな時代になろうと子供は変わ
らないということだった。そして、弊社の商品には心身の発育に期待できる働きが
あることを知った。

　社会情勢を含め、思うように事業が進まない中だったが、子供たちへギフトを贈
るために細心の配慮をして良かったと真摯に振り返った。

　ある講義回では玩具の一例としてジナゾルを紹介する機会を頂戴し、一部の学生
が代表でジナゾルの体験をした。橘教授は、ジナゾルは「展開できる」という特性
が他の玩具と一線を画していると評して下さった。

　その後、心理学からのジナゾルへの見解を文章で橘教授から頂戴した。商品の裏
付けへの感謝とともに、開発をした私にとって大きな自信となった。榎澤講師、谷
口准教授からも一筆頂戴し、商品体験会でお客様が自由に読めるように掲示をして
いる。

　このように大学と縁を持ったきっかけから学生として通学し、非常に貴重な経験
を授かることができた。改めて学びは一生涯続けるものであると感じ、現在も心理
学には関心を寄せ、日々読書を続けている。

　愛知東邦大学の先生方との関わりで恵まれたことは他にもある。3年目の後期、
百貨店へ出展した際、スウェーデンの自動車産業の研究者である経営学部長・田村
豊教授が来店して下さった。経済の発展には教育の根底があり、どのような内容か
をジナゾルの特性を利用して解説をして下さった。

　スウェーデンでは「大きな外観から詳細を見る力」を幼少期から高めるように教
育される。ジナゾルで組まれたオブジェからパーツを汲み出し、さらに展開して鍵
となるパズルの凹凸の形状を見抜くという行為が社会で役立つ分析力に繋がるので
ある。例として、学生が制作した構造物を見ると、パズル3枚で作られた三角形、
4枚で作られた四角形、これらをパーツにしている（**写真5-14**）。それらがどのよ
うな組み方をしているかを展開分析し、パズルの凹凸の形状まで観察する。「展開」、

これは先述の橘教授の見解と同一のキーワードだ。橘教授の心理学と田村教授の幼児教育の知見の両方を学ぶことは、弊社にとって非常に有用であった。

写真 5-14　学生が制作した構造物

　弊社のスタッフが、田村教授のこの話に聞き耳を立てていた。彼女は、信頼できる商品として再認識を得ることができた。客足の滞りなど売り場は活気が下がる日もあるが、スタッフが自信に満ちていれば内側から輝きが発される。また、工場で働く方々へのモチベーションをも高めることができる。産学連携事業による教授の知見を得ることで、共に働く人への意欲となり、多様な実りとなった。

V　産学連携事業を通じての仕事づくり

1　学生の仕事づくり

　弊社は、障碍のある人たちがどのように社会参加できるかを常に模索をしている。多くの学生との関わりの上で、「個性を見る」点では変わりないことであろう。産学連携事業では、弊社の企画販売業において、作業の種類をどれだけ采配できるかを期待した。

　産学連携事業 2 年目は、百貨店でのイベントの実現可能性を確かめたり、このプロジェクトの学内周知を目的として、大学キャンパス内での商品体験会を開催したりした。学生のアイディアでセールスコピーやポップなどを作り、ジナゾルの展示室を完成させた。ガラス張りの会場の特性を活かした展示は写真撮影をしても美しいものだった（**写真 5-15 左**）。前年度の学生が制作した広告動画を巨大モニターで流し、同じく学生が考案したキャラクター「ジナゾルくん」のポップ、ジナゾ

ルの特徴や遊び方を書いた吹き出し型の POP を通りがかりの人に向けて掲示した（**写真 5-15 右**）。

写真 5-15 学内での商品体験会の遠景（左写真）とジナゾルの POP（右写真）

　また、弊社が期待することのひとつは、ジナゾルを使った構造物の新しいアイディアだ。ある男子学生が大変美しいオブジェを作りあげた。まるで古代メソポタミアのジグラットのピラミッドのようだ（**写真 5-16 左**）。光と影、浮遊感を持ち独創性がある。寡黙な学生に見えるが、聞けば饒舌に会話をするので頼もしい。百貨店での体験販売会でも、得意な造作で次々と作品を作り上げていた（**写真 5-16 右**）。

　また、別の男子学生はユニークな構造物を作っていたが、その発想を広げるような声掛けができず、そこはとても残念だった。学生と対話ができる時間のゆとりがあればと思い返している。

写真 5-16 学生がジナゾルで作成した構造物

　子供が何人か会場に訪れ、学生は長く子供に付き合って遊びを広げて体験をさせていた。「百貨店で展開した時、子供が多く来店すると混乱するのでは」と、ある

学生から意見が出た。それにより、商品体験会のテーブルの個数や配置を点在させるなど、店舗レイアウトを配慮した。彼は判断能力に長けており、店舗の現場では体験会に多くの子供たちが参加したが、無事乗り切ることができた。私が多岐にわたり安心して仕事を任せられる人材のひとりとなった。

　産学連携事業2年目の後期のイベント、名古屋の老舗百貨店の子供フロアでの展開は、10メートル×6メートルもの広大な面積で条件の良い場所で開催した。地域の百貨店と大学が連携することへの理解が深かった担当者だったので、これが叶った（**写真5-17**）。

写真5-17　産学連携事業2年目の商品体験会の会場（名古屋市内の百貨店）

　学生の動きを観察していると、溌剌とした学生、寡黙な学生とタイプがあり、接客を中心に行動したり、作業を中心にしたり、各々で業務をこなしていた。ジナブルの業務には振り幅があることが見受けられた。店舗に出ていたらチャレンジの機会はあるので、得意な業務だけでなく経験値を少しずつ上げることができる。

　学生が店舗に立つに当たり、接客マニュアルを制作したが、商品体験会の運営に忙殺され指導のための時間をとれなかった。十分な指導には及ばずであった。

　産学連携事業3年目の前期に同百貨店での商品体験会を実施したが、終了後に学生から接客指導の希望があがった。愛知東邦大学の産学連携事業では本プロジェクト以外にも企画を複数抱えているため、授業で学生に取り組んでもらうテーマを見直す必要があるだろう。

2　障碍者の仕事づくり

　イベントに伴い、弊社の試みとしてダウン症の息子と学生の関わりを観察していた。現在の健常者と障碍のある人との交流は小学校時代に多少あり、社会人になるまでほぼ無いのが実状だ。重い知的障碍のある息子が健常者に触れる機会は、より少なくなる。

　産学連携事業2年目の後期のイベントでは、息子にパンフレットを配布する役割として店舗に立たせた。榎澤講師、谷口准教授を始め、学生にサポートされつつ、参加することができた（**写真5-18**）。本人はもちろん、親である私の自信にもなった。

写真5-18　商品体験会の会場でジナゾルのパンフレットを配布する息子（左）

　3年目の前期には、搬入・搬出作業に参加させた。スピードを要するために心配したが、学生が自然に息子のフォローをして作業を共にしていた。事前に予告するのを忘れていたにもかかわらず、目の前に障碍のある人が現れても学生は動じなかった。学生が毎回入れ替わる合計3回の百貨店での活動において、その姿勢が見られたのである。この人間性は評価すべき点だ。「障碍のある人を含めた連携事業」として実践でき、理想的な社会活動の一環となった。自然な支援があることは、障碍のある子を持つ親が安心できる環境の形成である。ダイバーシティの例として意義深いものとなった（**写真5-19**）。

　産学連携事業3年目の後期では、障碍のある労働者が担える業務の発見があった。これまで何人かの学生がジナゾルを組み立てるデモンストレーションをしていた。実演は面白いので、子供たちが寄って来た。学生はレベルの高いオブジェを制作していたが、ある学生は大きな三角形のピラミッド状のオブジェを簡単に組める

写真 5-19　商品体験会での学生と息子による店舗設営の様子

写真 5-20　ジナゾルを使ったデモンストレーションの様子

方法を編み出していた（**写真 5-20**）。そのような方法があるのだと私は舌を巻いた。そこから、息子のような知的障碍者でも、簡単な遊びを見せることなら業務は可能になるのではないかと推察した。息子が学生の真似をしてサンプル台で立方体を組む姿があり、楽しんで働けば良いと行動を見守った。

Ⅵ　産学連携事業による新商品や販売ディスプレイ用品の開発

1　新商品（イラスト入りパズル）の開発

　産学連携事業2年目、3年目には、商品体験会の開催と同時に連続で新商品の発表をした。2年目10月の商品体験会では、学生が参加できる業務として、ハロウィン用商品の開発に挑戦した。イラスト入りパズルを6枚使ってハロウィンにちなんだ物語を作るセット（商品名「ハロウィンセット」）だ（**写真 5-21**）。

写真 5-21　学生発案で商品開発したハロウィンセット

　イラストに色を塗ったり、絵を描きこんだり、どのように並べても物語を好きなように作れる。イラスト入りパズルの開発は、9月に後期の講義が始まった直後から急ピッチで進められた。学生が作成したイラストの原案をデザイナーに修正依頼の上、印刷発注、パッケージ案の制作、POP 制作、そして10月半ばにイベント開催という流れである。目標数の販売を達成し『中部経済新聞』でも報道された。

　店舗では無地のジナゾルに絵を描く商品体験会を開催した（**写真 5-22 左**）。ハロウィンセットに習い、独自で物語セットを作っている子供が現れた。会場に来て周囲を見渡しヒントを得て、自分の物語を作る能力に感心した。このように置かれた環境を見渡し、オリジナリティのある発案が子供たちに増えることを願うばかりだ（**写真 5-22 右**）。

写真 5-22　学生発案の商品を遊ぶ子供（左写真）と子供による制作物（右写真）

2　新什器「ジャンボジナゾル」の開発

　産学連携事業3年目は、より深く学生全員が参加できる企画としてジナゾルを段

ボール製で39センチ角に拡大した「ジャンボジナゾル」を使った商品体験会での
什器製作を提案した（**写真5-23**）。

写真5-23　ジャンボジナゾル

　「ジャンボジナゾル」は立方体の一面を開ければ、ボックス棚の什器になる。
「ジャンボジナゾル」を使った什器は、レイアウトをフレキシブルに変化させる事
が可能なので、会場の広さに応じたレイアウトが可能である。7.7センチのジナゾ
ルを39センチのジナゾルで展示することでジナゾルの世界観を描くことができ
る。

　また、いくつかのボックス棚を好きなように積み上げられる楽しさがある。通
常、商品体験会でのレイアウトは、学生のようなアルバイトができる範疇の業務で
はないが、柔軟な学生のアイディアを見てみたかった。そこで、大学の講義でリ
ハーサルを行った上で、店舗で学生が設営し弊社スタッフが修正する流れとした。
講義の最中では、ジナゾルや「ジャンボジナゾル」を組む実践をし、思うようにな
らない作業に学生が集中する場面が見られた（**写真5-24左**）。

　前期の販売体験会ではお客様の視点などの厳しい条件があるため、一度学生が組
んだ什器のレイアウトを弊社の販売スタッフが修正して組み替えた。後期では私の
指示は無く、設計図を基に学生が完成させた（**写真5-24右**）。これにより、弊社の
今後の出展活動において、ランダムな構成も臨時スタッフで可能だと証明された。
また、谷口准教授が棚の中の商品を照らすライトの付け方を指導し、展示のグレー
ドが高まった。

写真 5-24　授業内での実践（左写真）と学生が設計図を基に制作した什器（右写真）

　商品体験会にはこの年、堀教授が足を運んで下さり、「ジャンボジナゾル」に目を留め、すぐさまアイディアを提案して下さった。活用の可能性は広く、未知である。それを裏付けるようにお客様からの反応はとても良く、何人かの子供たちに「ジャンボジナゾル」の組み立て体験をさせてみたところ、大変な盛り上がりになり（**写真 5-25**）、保護者の方が「これは、どこで販売しているのか」と尋ねてきた。コロナ期に自宅で過ごす時間に活動的な遊び道具として求められた。

　当初、学生が参加しやすいように企画した「ジャンボジナゾル」であったが、それだけに留まらず、ジナゾルの新たな用途開発へと結びついた。委託工場である株式会社千代田では、防水性と耐久性に優れた素材を用いたジャンボジナゾルを防災用品（簡易組立家具）として開発し始めている。

写真 5-25　商品体験会会場でジャンボジナゾルで遊ぶ子供

3　店舗サインの開発

　3 年目後期には、「ジャンボジナゾル」から派生し、オリジナリティのある店舗のサインを制作した。段ボール製ジナゾルを手のひら大の大きさに制作し、かつての試作品の構造と同じように文字を抜き、サイコロ状に組み立てる。アルファベットで ZINAZOL と並べる。縦横に自由な展示方法が可能となり、見栄えのする店舗作りとなった。サインの試作には、株式会社千代田・企画部の鈴木翔太係長が担当し、使用目的に対して、文字デザインと配置や入力の編集作業、段ボールの厚みや硬度などを検討し制作した（**写真 5-26 左**）。

写真 5-26　サインの試作品（左写真）と学生が配置したサイン（右写真）

　サインの構成は、学生が百貨店の搬入時にアイディアを発揮した。商品体験会場の面積が予定より狭小となり急遽の対応だったが、メリハリを持たせたディスプレイとなった（**写真 5-26 右**）。私の指示は無く、一捻りの対応能力を見せた。スタッフの個性ややる気を引き出すには、自発的であることが望ましい。発想力を注ぎ込める余地があれば、自ずと行動できるのであろう。これは前述の通り商品体験会での子供たちにも見ることができた行動である。

Ⅶ　課題解決型の産学連携事業の成果

　愛知東邦大学の複数の先生方と学生から学び、ジナゾルのブランディングに欠けていた要素を補う課題解決をした。ジナゾル社と私が得られた結果をまとめると次の通りである。

①商品説明の効果的な販促物の完成

　お客様に向けてだけではなく、店頭のスタッフのために販促物を企画することで、商品の知識が乏しい学生がスタッフとして接客しても、すぐに対応できるような商品説明が可能となった。

②文字パズルへの回帰

　構造物が中心の店舗ディスプレイから、文字パズルを中心にした展示へ変更し、本来のテーマ「字をなぞるジナゾル」へ戻ることができた。

③学生ならではのアイディア

　自発的に学生がアイディアを発揮する場面が見られた。アイディアは思いつきで良いので、例えビジネスとして通用しない結果となっても恐れのない意見は企業にとって必要である。

④元気で快活なムードの売り場演出

　若年層の学生の明るさで、商品体験会に参加する子供たちに楽しさを提供した。

⑤ジナゾルを使った新しい構造物の創造

　学生の手により、ジナゾルの美しさを強く押し出すメインオブジェの制作が叶った。商品の対象年齢は、幼児向けと限定されがちだったが、大学生が手掛けた作品のため、年齢層の引き上げに成功し、販路の可能性を広げた。

⑥個性に対応する業務の振り分け

　多くの学生と接することで、弊社では多様な個性を持つ人に対応した業務の展開が可能であることが分かった。苦手な業務にチャレンジできる機会は自己成長のために有効である。

⑦障碍のある人が自然に存在できる仕事場づくり

　重度に近い中度の知的障害の息子が、学生とともに仕事を遂行した。店頭でのチラシやパンフレットの配布、搬入搬出作業、実演販売など、ひとつの作業を延々とするのではなく、意欲を失わないように多種の業務を実践した。

⑧学生を考察した上での新商品の開発

　ハロウィンセットが完成し、玩具の世界には乏しい季節感を提供できた。学生のために企画を推進したジャンボジナゾルでの什器によりブランディングが前進し、飛躍した商品企画（防災用品）へと展開、さらに手のひら大のジナゾルのロゴのサインへ発展した。

⑨学生として１年間通学

　人間健康学部で心理学を専攻した経験は仕事に役立つだけでなく私の人生を豊かにした。

⑩産学連携授業での非常勤講師としての出講

　障碍のある子を抱える母親が働く上で良いモデルケースとなった。

　以上をまとめとする。上記の通り、大学から与えられる姿勢ではなく、ジナゾル社とは別人格である私個人も能動的に大学と関わった。この東邦プロジェクトは、ひとつの企画を遂行するだけではないことが大きな特徴である。

　大学が持つ資産である学ぶための学部、教員知識、学生が参加できる充実した企画の立ち上げ、あらゆる状況と環境から多岐にわたり多くの成果を得た。

　その一方で、学生に得られることは何だろうと考え続けていたが、ジナゾルプロジェクトに参加した学生が受賞するという喜ばしい出来事があった。2022 年度「地域と連携した授業・活動報告会」（地域・産学連携センター主催）が開かれ 16 組の実践事例の中、優秀賞を受賞した。この報告会では、浅井将尊さんをはじめ、6 名の学生が参加し、「産学連携企画、知育玩具の販売までの流れと経験 ZINAZOL」として発表した。彼らの頑張りが評価され、大変嬉しく思っている。

Ⅷ　最後に

　産学連携事業を複数年続けるうちに、その内容は変化した。弊社は実験的な試みをいくつかこなしながら成長を遂げた。愛知東邦大学の教職員の方々、学生、地域の百貨店、弊社、この連携は私の生活を穏やかなものにした。

　上條教授が「何年か続けることによって、もやもやとしたものが形となって見えてくる」と本事業の最初の会議で発言された。しっかりと目標を打ち立て、ぶれずに邁進するつもりでいたので、「もやもや」に気を揉んだものだった。私は、障碍のある子どもを抱える母親でもある。社会に流れている時間とは異なる生き方の選択を今も迫られ、名ばかりの福祉支援に悩まされている。母親として無理があってはならない。「もやもや」は歩みを緩め、目先の目標に走ってしまいがちな小規模事業をじっくりと眺め、考えるために立ち止まることが必要だと、徐々に私に気づかせた。それ故に、産学連携事業は気づきを与えてくれる価値のある経験となっ

た。

　イベントに足を運んで下さった榊直樹理事長を始め、「もやもや」の上條教授、堀教授、最初に声を掛けて下さった榎澤講師、並びに谷口准教授、心理学の恩師である橘教授、百貨店までいらして下さった田村教授、手嶋慎介教授、参加した学生の皆様、サポートをして下さった職員の皆様、公私に渡り寄り添って下さった株式会社千代田の水野博会長を始め従業員の皆様、そして、私の家族である主人と息子楽人へ、ここで改めて感謝の意をお伝えしたく思う。

　「障碍のある息子さんを含めた産学連携事業にしましょう」と歓迎して下さる愛知東邦大学であることも書き記しておきたい。

解説—大学側の視点から—

榎澤　祐一

　現代では、経営系学部での産学連携事業というと、学生への教育効果を狙ったものが多い。それに加えて本プロジェクトでは、連携企業のビジネス成果の創出を同等にこだわった。

　そのための本事例での方策としては、①主導する教員が自身の専門性にこだわらず他教員の専門性を生かすこと、②「走りながら考える」デザイン思考の実践、③あえてプロジェクト化しない長期的取り組みが挙げられる。

　第一に挙げた他教員の専門性の活用は、企業に産学連携事業のメリットを提示するにあたり、主導する教員が自身の専門性にこだわらず、他教員の専門性を理解して連携を促すということである。このような際に多くの大学組織では、職員主導の組織の設置など制度化が提唱されることが多い。ただし、実情として小規模大学は職員数が少ないため、教員自身の手で行わざるを得ないハンデがある。一方で教員同士が他教員の専門性を理解しやすい環境にもあると言えよう。

　例えば株式会社 ZINAZOL との産学連携における初期的なヒアリングでは、筆者の専門とするマーケティング論の知見で同社に貢献する機会は乏しいと考えた。また、同社は脳神経科学の観点で商品の効果測定に興味関心があったが、本学の教員がその要望を叶えることは困難であった。

　そこで筆者は、「知育」という商品便益から教育学や心理学を専門とする教員（橘）の知見、「玩具」という商品性からデザイン学を専門とする教員（谷口）の知見を共有した方が同社に、より貢献できるものと考えた。そして、実際に百貨店での商品体験会で幼児が知育玩具で試遊するコーナーを設置するにあたっての留意点を、幼児教育を専門とする教員（堀）に尋ねた。

　これは、科学技術・学術審議会技術・研究基盤部会・研究基盤部会の答申でいうところの「人文社会系と自然科学系の融合」までには至らずとも、人文科学系（心理学、教育学）、応用科学系（デザイン学）、社会科学系（経営学）における複数学部の教員連携を図る動きと言い得るだろう。

　第二の「走りながら考える」という点で、本プロジェクトの参画の呼びかけをした当初は、取り組みに関する様々な制約の指摘が各所から聴かれた。また、当時は新型コロナウィルス感染症が流行している最中であり、多くの教育研究活動がこれを理由に中断されていた。しかし、デザイナーとしての谷口は自らの授業の中で、コロナ禍以降に充実した情報ネットワーク環境を活用し、ジナゾルを使った課題解決課題を提示しながら探索的にプロジェクトを進行していった。さらに、プロジェクトが進行する中で、当初みつけられなかった同社のマーケティング課題を大平氏から伺う機会が増え、それに筆者が対応することで筆者の貢献として認識していただくに至った。

　第三の長期的取り組みについては、第一、第二の条件を実現するための基盤と言えよう。最初は産学連携の窓口となる教員自身の専門性と、企業への貢献との接続点をみつけられなくても、貢献できるポイントがみつかったのは腰を据えた長期の取り組みによるものである。経営・商学系大学での産学連携事業のテーマでは商品開発が多いが、多くは商品発売をもってプロジェクトを終了することが多い。しかし、大平氏が指摘する通り、短期的成果のみを目的とすると企業とのコミュニケーションが学生・教員ともに商品開発に関わる一面的なものになる。経営教育の観点でも商品発売後の改善にこそビジネスのリアリティがあるにもかかわらず、商品発売でプロジェクトが終われば、その効果が減じられるだろう。本プロジェクトの長期的スタンスは、このプロジェクト主催者の地域創造研究所の上條所長が当初から目標をあえて明確化せず、長期的に取り組むことを宣言したことによって醸成された。近年ではデザイン思考の有効性を減じる要因として実装プロセスの軽視や、短期的なプロジェクト期間が指摘されているが、これらの弊害を回避できていたと言えよう。

　なお、大平氏の原稿でも言及されているが、プロジェクトを通じて得られた成果は大平氏が本学の知見を積極的に摂取するだけでなく、教育への貢献にまで視野を広げた活動によるものであることを特筆しておきたい。大平氏は当初の学生による商品開発（ハロウィンセット）の取り組みから、一部の学生だけでなく履修者全体が産学連携に関与できるようにしたいという教育的発想から新型什器（ジャンボジナゾル）を発案した。経営・商学系の大学教員の多くでは心当たりがあると思われるが、産学連携事業によるプロジェクト型授業の多くでは、実際のところ大学の成績面（例. GPA）で優秀な学生が活躍することが多い。そこに大平氏は疑問をもち、

教育におけるダイバーシティを実現する革新をもたらしたのである。

　新型什器自体は企業の利益を生むものではないが、この取り組みの継続に従って、大平氏は販売専門職でなくても商品体験会のディスプレイ設営が可能になる販売促進のシステム化を見出した。さらには新商品開発（防災用品）に結実したのである。企業の取り組み方次第で産学連携から受ける恩恵が変わるという視点は産学連携を試みる企業への示唆となるだろう。

第6章　大学ブランドの構築と経営教育

上條　憲二

Ⅰ　はじめに

　本章ではブランディングの観点から経営教育について考える。現在ではブランディングは単なるプロモーション戦略の一環ではなく、経営戦略そのものであるという考え方が主流である。従って、外部に対して自分たちのブランドコンセプトを発信するだけではなく、内部に対して自分たちのブランドに対する理解、共感が必須である。内部の組織構成員が自らのブランドの本質を理解していないのにもかかわらず、外部に対してブランドを発信したとしてもそこには齟齬が生じるからである。

　経営教育をブランドの文脈で読み解くと「インナーブランディング」と言い換えることができる。本章は、愛知東邦大学のブランディングを例に引き、インナーブランディングの進め方について論ずる。

Ⅱ　ブランディングとは

1　ブランディングの定義

　文部科学省の「私立大学研究ブランディング事業」において「ブランディング」という言葉が使われている。この場合、各大学の個性を生かしながら社会の中で大学をよりよく成長させていくという意味が込められていると考える。また、「ブランディング」の名のもとに活動を進めている大学も多い。しかしながら、「ブランド」という言葉が、広告活動やイメージ向上活動、ロゴマーク、ネーミングなどとして認識される傾向があり、単なるイメージ刷新活動を「ブランディング」と称しているケースも考えられる。

「ブランドは事業戦略を表す言葉である」（ブランドコンサルティング会社・プロフェットの見解）

「戦略を左右する資産である」（デビット・アーカー）

　また、世界的なブランドコンサルティング会社で毎年「ベストグローバルブランド100」を発表しているインターブランド社では「ブランドは組織を動かすドライバーであり、ブランディングとはマーケティングのみならず、全社組織を動かす活動である」と定義している（インターブランド社のクレデンシャルスライド）。

　いずれも従来認識されていたマーケティング戦略4Pの中のひとつであるPromotionの中の一要素としてのブランドではなく、企業の経営戦略の根幹をなすものであるという考え方が示されている。ここではその認識に立ち、ブランディングとは「自社・自組織の固有の価値に基づきすべての経営施策を推進することにより他とは異なる認識を得、その結果ステークホルダーから選ばれる存在になること」と定義する。

2　ブランディングの進め方

　ブランディングに進め方に関してはいくつかの方法があるが、ここではブランドコンサルティング会社であるインターブランド社が明らかにしている方法について説明する。

（1）インターブランド社のブランディング手法

　インターブランド社は『ブランディング7つの原則』（インターブランドジャパン編著，2017，pp. 76-81）の中で、ブランディングフレームワークとして7つの段階を解説している。

　①ブランドオーナーの意志

　　企業の歴史、文化、歴史、従業員の認識、経営者の認識などを調べ、分析する。

　②顧客インサイト

　　自分たちの顧客について概要を把握するとともに顧客すら気づいていないアン

メットニーズ（unmet needs）をインサイトする[1]。

③競合との差別化

　競合との違い、差別化のポイントを探る。

④ブランドプロポジション（brand proposition）[2] の明確化

　上記の分析を踏まえ、ブランドの拠り所となる中核概念でありブランドコンセプトであるブランドプロポジションを明確に定める。

⑤ブランドプロポジションを体現するための仕組み

　ブランドを具体的に表現するための仕組み。クアドラントモデル（「プロダクト＆サービス」、「人々と行動」、「空間・環境とチャネル」、「コミュニケーション」）の構築。

⑥ワンボイスの社内浸透と社外コミュニケーション

　ブランドの社内浸透・体質化・実践およびブランドの対外的コミュニケーションの仕組みづくり。

⑦効果測定と新たなサイクル

　ブランディングの進捗を判断するためのブランド強度スコアという 10 の指標によるチェック。

　同社の手法は大きく分けて凝縮と拡散である。①〜③の分析を踏まえてブランドプロポジションと称しているブランドコンセプトを定め、そのブランドプロポジションに基づき様々な事業活動へと拡散していくという考え方である。

Ⅲ　小規模私立大学・愛知東邦大学のブランディング実践

1　大学概要

　愛知東邦大学は明治末期から大正期にかけて名古屋の産業の基盤づくりに功績を残した「下出民義（しもいでたみよし）」が 1923 年（大正 12 年）に設立した東邦商業高校（現東邦高校）が起点である。1965 年東邦学園短期大学が開校され、2001年に 4 年制大学・東邦学園大学が開校した。その後、2007 年に愛知東邦大学へ改称した。高校・大学を合せた東邦学園としては 2023 年に創立 100 周年を迎えた。

　学部は経営学部（地域ビジネス学科・国際ビジネス学科）、人間健康学部人間健康学科、教育学部子ども発達学科の3学部であり学生数は1424人、また専任教員・専任職員は合わせて約90名の小規模私立大学である。

　建学の精神は「真に信頼して事を任せうる人格の育成」であり、校訓は「真面目」である。

2　ブランディングの推移

（1）意識醸成期（2014年度）

　ブランディングを始める前においても当然、大学改革の施策は継続的に行われていた。しかしながら定員割れの年もあり、他大学の入学人数の変動に影響される状態が続いていた。

　そこで、企業等で実践され、一定の成果を収めているブランディングという手法に着目し、大学経営の改革の実践に着手した。そのための第一歩として教職員全員参加のFD（Faculty Development）や学内の広報員会などの機会を通じて「ブランディング説明会」を行った。

　一方、学生の意識を把握する必要があると考えた有志の教員がゼミの活動の一環として「愛知東邦大学学生意識調査」を行った。その結果、学生は積極的に入学を選んだわけではなく「家から通える」、「高校の先生から薦められた」、「偏差値が自分に合っている」などの理由が上位を占めた。ブランドは機能的価値ではなく情緒的価値により強化されるが、当該大学の場合は物理的価値が選択理由であり、「好きで選ばれているわけではない」実態が明らかになった。このような活動の結果、「自分たちの大学」というブランドに対して徐々にではあるが意識が醸成されてきた。

（2）問題提起期（2015年度）

　学園の広報としてブランドのタッチポイントを見直してみようという機運がしだいに生まれ、外部のステークホルダーが最も目にする大学案内とホームページの全面改定に着手した。表現の方向性としては、「にこやかでカラフルでポップ」から「知的でスマートで洗練」への転換である。また、大学パンフレットにありがちな「学生・教職員の笑顔写真」をできるだけ排し、知的で真摯な印象を与えるように工夫を凝らした。

　一方、時を同じくして問題意識をもつ教員により「愛知東邦大学・ブランド戦略の考え方」が提案された。これは 18 歳人口が減少する中、小規模大学としてどのように生き残っていくかをブランディングの観点から考察したものである。この中では 2027 年のリニア中央新幹線開業に向けて名古屋の社会環境や産業界が大きく変化する時代にあって、名古屋の企業を支える人材を育てるべく教学改革を進める方針が示された。そして学園創立 95 周年の 2018 年のタイミングに新しいシンボルマークへの変更も併せて提案した。

（3）現状把握期（2016 年度）

　2016 年 4 月に「ブランド推進委員会」が正式に設置された。メンバーは入試広報担当、学術情報担当、系列高校職員、常務理事、教員など 7 名である。ブランディングの進め方としては、推進委員会で方針・計画を練り、それを運営委員会（理事長・学長事務長、学部長などが出席する意思決定機関）に提案し議論するという形である。

　推進委員は現状分析としてステークホルダーが大学をどのように認識しているかを測る意識調査を 2016 年 10 月に行った。

　調査対象：在学生（1027）、大学教員（47）、専任職員（27）、親（117）、卒業生
　　　　　　（90）、系列高校在校生（1592）、系列高校教職員（64）、指定校（40）、
　　　　　　就職先企業・保育園・保育所（35）など。全回収数は 3039 サンプル。
　　　　　　（　）は回収数。
　質問項目：純粋想起・現在の当大学のイメージ・今後必要となるイメージ・大学
　　　　　　満足度、推奨度・誇りの程度・強み・弱み・要望など、調査対象に共
　　　　　　通した質問による比較、さらに対象ごとに異なる質問を組み合わせて
　　　　　　行った。

　当該大学始まって以来の大規模な調査である。調査結果は全教職員が参加する全学集会で発表する一方、「AICHI TOHO BRANDING START BOOK」として調査結果を分かりやすくワンビジュアル・ワンコピーで伝える冊子を作成し配布した。

　この調査結果を発表した集会においてはブランディングの目的と進め方についても詳しく説明し、それ以降の教職員の参加を要請した。

〈愛知東邦大学におけるブランディングの目的〉
中京圏において、独自の価値を有する大学になる（＝「愛知東邦大学らしさ」を極める）ことにより、将来にわたりステークホルダー（高校生、在学生、教員職員、保護者、地域社会、企業…）から選ばれる存在になる。

　ともすれば曖昧な情報や自分の思い込みなどにより学内の会議が進められがちであるが、まずは事実の認識と目的の共有という土台を確認し合い、以降の議論を行なった。

（４）ブランドコンセプト検討・ビジュアルアイデンティティ期（2017 年度）
①ブランドコンセプト
　ブランドコンセプトの策定は先に述べたブランディングの進め方の中でも述べたが最も核心的な部分である。ブランド推進委員会としてはブランドコンセプトとは大学としての「独自の価値」であり、平易な言い方としては「らしさ」であると説明した。
　コンセプトは今後の活動の軸となる概念であり教職員全員が「腑に落ちている」必要があるため、全教職員による座談会と称したグループインタビューを複数回に分けて実施した。1 回の時間は 2 ～ 3 時間、コーヒー、クッキーなどの飲食をしながら通常の大学での会議とは趣を変え、カジュアルな形で進めた。
　グループインタビューの報告書は学内のイントラネットで共有した。そして意識調査とグループインタビューの内容を踏まえて「愛知東邦大学らしさを表現するフレーズ」（＝コンセプトワード）を全教職員から募集した。
　集まった案をブランド推進委員会で 5 つの軸に分けた。具体的には「人材育成に対する姿勢」、「地域に対する姿勢」、「本学の学生の資質とその育て方」、「本学の特徴的なキャンパス」、「学生に対するメッセージ」であり全部で候補を 20 案に絞った。その中から、ブランド推進委員会として最終候補案を 2 案に絞り、全学集会で説明した。

　A：「オンリーワンを、一人に、ひとつ。」
　B：「ひとつのチャレンジ、無限の答え。」

図6-1　変更前の VI

図6-2　変更後の VI

　最終的には推薦案としてブランド推進委員会が推した A 案に決定した。

　「オンリーワンを、一人に、ひとつ」とは、学生が自らの可能性という宝物に気づき、それを磨き、自分らしい人生を歩んで欲しい、本学の教職員はそのために全力で取り組むという精神を表現している。これはグループインタビューの中で最も多く議論が交わされた内容を踏まえたものである。

②ビジュアルアイデンティティ（Visual Identity: VI）

　ブランドコンセプトの決定を受けて、大学のロゴマークを含めたビジュアルアイデンティティの検討に入った。VI 策定に当たっては外部の専門会社にそれまでの経過を詳しく説明し、意図の理解を促した。複数回の提案・修正を経て最終候補案を決定。それらを最高意思決定機関である運営委員会に提案、大学としての正式案を決定した。その決定を受けて、ブランド推進委員会が全学集会で全教職員に対して説明し、理解を得た（図6-1、図6-2）。

　二本の向かい合うラインは学生と教職員を表し、その間の白いラインは両者が向き合うことから生まれる未来への白い道を表現している。同校ではこの VI をブランドシンボルと称している。

　大学全体の VI 表現に関しては VI ガイドラインによりカラー、フォント、メディアごとの使い方、アプリケーション（名刺、封筒、看板、ホームページなど校名が表

示されるあらゆるもの）上の使い方が具体的に細かく指定されている。これもこれ
までなかったことであり、ブランドとしての「見え方」を統一させていくという取
組みである。

③クレドの策定

　ブランドコンセプトの決定を受けて、そのコンセプトを大学としてどのような心
構えで推進していくべきかという行動の基準となる「クレド」を定めた。これは教
職員のグループインタビューの中から生まれたアイデアであり、「議論の中で大事
なポイントを残しておくべきではないか」という発言から発想されたものである。
大学としてのクレドは「学生に対して」、「地域に対して」、「仲間（教職員）に対し
て」の３つの軸により決められている。このクレドの策定にあたっても全教職員か
らのアイデアを募った。

　　〈学生へのクレド〉
　　・原石は宝石・多様な視点と可能性を見つける・成長実感の提供
　　〈地域へのクレド〉
　　・地域が教室・愛される存在・信頼される大学・未来を共創してゆくパートナー
　　〈仲間へのクレド〉
　　・挑戦と創造・自分だからできる貢献・学生に愛される身近な社会人

　これらの大学としてのクレドに加え、各教職員がどのようにブランドコンセプト
を実現していくのかという意志を表明する「個人のクレド」も併せて策定した。こ
れは全教職員を対象としたもので、集約された「個人のクレド」は全在学生に配布
したほか、ホームページ上で公開した。

④コンセプトを実現するための具体的施策

　これは先述のブランディングのフレームワークの「コンセプトに基づくガイドラ
インの策定・活動計画」の段階である。ブランド推進委員会としてはVIはあくま
でも「見え方」であり、肝心の点は「中身」であると考えていた。そこで、全教職
員に対して「コンセプトを実現するための教育活動」のアイデアを募集した。その
結果、全部で48件の提案が寄せられた。それらを実現の可能性別に優先順位をつ

け、担当する委員会で実現のための計画立案を要請した。その結果、初年度（2018年度）として実施する 3 本柱が決められた。具体的には、高校生が自分の生き方を考えるための「じぶんブランディング」企画、入試の新しい試験方式「自己プロデュース入試」、公務員を目指す学生を支援する「東邦 STEP」である。

（5）新ブランドシンボルデビュー期（2018 年度）

　2018 年 4 月、学園創立 95 周年を迎えた年に新ブランドシンボルが本格的にデビューした。入学式ではブランディングの趣旨説明・運動部の新ユニフォーム披露などが行われ、新学期ガイダンスにおいては全学生に対するブランディング説明、新シンボルマークのグッズ（ファイル、消しゴム、教職員クレド集）配布が行われた。

　コミュニケーション活動としてはホームページの刷新、SNS、マスメディアによる PR 活動、OOH（Out of Home）[3] などを活用した情報発信を行っている。

Ⅳ　小規模私立大学のブランディング推進における経営教育の要素

　本項では愛知東邦大学の事例をもとに小規模私立大学のブランディグを推進において経営教育すなわち「インナーブランディング」の観点から重要な要素に関して考える。

1　ブランディングへの意識醸成

　ブランディングのフレームワークについては前述のとおり「現状分析（自社の能力＋顧客の認識＋競合との差別化）→ブランドコンセプトの策定→ブランドコンセプトに基づく活動ガイドライン・計画→ブランドコンセプトの社内浸透・社外発信」というものである。

　当該大学の場合もほぼその通りに進んだが、突然ブランディングが開始されたわけではない。本格的な活動に入る前に「学内の意識醸成期間」がいわば 0 段階として存在している。つまり、初期の段階でインナーブランディングに着手した。学内でのブランドの説明会、委員会などでの勉強会、問題意識を喚起するための自主的な意識調査、活動に向けた自主提案などはブランディングに対する学内の世論を醸成するために非常に意義のある活動であると考える。ブランディングが必要だとしても学内の意識が熟していない段階でトップダウンで進めるのは逆にインナー（教

職員など内部ステークホルダー）の反発を招く恐れがある。

2　情報のオープン化と共有化

　情報を可能な限りオープンにすることは活動をスムーズに進めるための前提条件であると考えられる。一般企業と異なり大学という組織では各教員にとっては大学組織運営もさることながら、個々人が第一義として自分の専門分野の研究を進めている。そのため組織の意思決定と進むべき方向性が定めやすい一般企業と比べて、大学の場合はブランディングに必要な構成員の意志の統一と共有化という点で困難さが伴うと考えられる。

　当該大学では情報はすべてイントラネットでオープン化され、全教職員を対象にした説明会、意見交換会を開催した。またブランドコンセプト、クレド、コンセプトに従った具体的活動など大学の方向性や施策を決める際には全教職員からアイデアを募るなどの取組みを行なった。

3　ブランドコンセプトの納得性

　リクルート進学総研の小林浩氏は「2030 年の高等教育」（2018 年 7 月）と題した講演において、これからの大学経営における「競合優位な独自性（価値・個性・特徴）＝本学ならではの価値（レーゾンデートル）」の必要性を説いている。この「本学ならではの価値」はブランディングではコンセプトであり、当該大学が称した「らしさ」である。意識調査、グループインタビューなどを踏まえての公募という進め方を採ったため、最終的に決まった案の納得性は高い。コンセプトは以降の活動のすべての軸であり、その実践者は教職員個々であるため構成員の納得感は必須条件である。

　またコンセプトの中身は自分たちの大学ならではの言葉でなくてはならない。外部の会社に任せた借り物の言葉ではなく、自分たちで徹底的に考えるところから納得性のある考えが生まれる。「宝は自分たちの中にある」、「自分たちの自己回復力を高める」は本大学のブランド推進委員メンバーの認識であった。大学という組織にはどの大学にも「建学の精神」がある。この「建学の精神」はコンセプトを導く際の基準になる。ともすれば「建学の精神」が掛け声だけになっている場合もあるが、「建学の精神」をこれからの時代・社会のニーズに合わせて解釈し直す作業は特徴的なコンセプトを策定する上では必要な作業であると考える。

4　ブランドエンゲージメントの重要性

　コンセプトの組織内の浸透活動はブランドエンゲージメントとも称される。具体的には経営者・全従業員・関係者によるディスカッションやブランド教育など、コンセプトを理解し、思考し、体質化し、実践させるための活動全般を指す。なぜならばブランドとはすべてのタッチポイントによりステークホルダーの「頭の中に蓄積される財産」であるため、そのタッチポイントに関わるすべての人間はそれぞれがブランドにふさわしい活動をする必要があるからである。

　本大学では意識の共有化のためのいくつかの取り組みを行い、全教職員によるクレドを作成した。これらはブランドエンゲージメント活動の一環である。この活動が本格的なブランディングの段階においては施策の立案、議論の活性化において有効に働いた。

　また、各自のクレドの作成は「価値観の内在化（自己の価値観と組織の価値観が重なり合った状態）」とも言え、組織を強化することにもつながると考える。

5　コンセプトの具体化としての施策と一貫性

　具体的施策にはコンセプトの一貫性が問われる。入学前の高校生に対する活動、入学後の4年間の学修期間、そして卒業後のフォローという、「入口」、「中」、「出口」を貫く方針と施策の一貫性である。高校生に対してはその大学ならではのコンセプトを説くことにより共感性を喚起し、入学後にはコンセプトの具現化としてのカリキュラム・教学支援・生活サポートを行い、卒業にあたっては独自の力を育成して送り出すべきである。

　そのためには、入学者を受け入れるための「アドミッション・ポリシー」、教育課程の方針を定めた「カリキュラム・ポリシー」、卒業認定・学位授与方針である「ディプロマ・ポリシー」の3ポリシーにブランドコンセプトが反映されていなければならない。そこまで徹底して初めて独自のブランドとして他と異なる価値を示すことができると考える。

6　ブランド価値向上のためのチェックの仕組みづくり

　毎年グローバル企業・日本企業を対象にブランド価値評価を行いそのランキングを発表しているブランドコンサルティング会社のインターブランド社は、ブランド価値評価手法として次のような仕組みを公開している。

　まず、対象となる企業・商品の財務分析により経済的利益を算出する。次にその企業・商品にとってどの程度、目には見えない「ブランド」という価値が影響するかというブランドの役割分析を行う。そうして導かれた値に対して、最終段階にその企業・商品の「ブランド強度分析」を行う。この「ブランド強度分析」が最終的なブランド価値に大きく影響する。

　同社は「ブランド強度分析」として10の指標を示している。この10の指標は一般的な企業にとってのブランド価値を高めるためのKPIとしても用いられている。具体的には4つの対内部指標と6つの対外部指標により構成されている。内部指標としては、「志向力（ブランドが目指す姿と実現への道すじが明確か）」・「結束力（組織構成員がブランドに基づく活動をしているか）」・「共感力（組織手としてステークホルダーの声を聞き、応えているか）」・「俊敏力（市場の機会に迅速に対応しているか）」である。対外部指標としては「独自性（特徴的なブランド体験を提供しているか）」・「整合性（顧客接点で一貫性があるストーリーを提供しているか）」・「共創性（顧客を巻き込み、参加や協働を生み出しているか）」・「存在感（ステークホルダーの中で好意的に語られているか）」・「信用度（顧客の期待に応えられているか）」・「愛着度（顧客が絆を感じているか）」である。

　大学の場合ともすれば知名度、入学志望者、入学者、偏差値などで判断しがちである。しかし、その基準では大規模大学や有名大学が上位の評価を占め、小規模私立大学は相対的に低い立場に置かれる。一般の産業界ではインターブランド社などが発表している独自の指標をKPI（Key Performance Indicator）として自社のブランド力を向上させようとしている企業が存在する。「小さくても個性がある大学」としてブランド価値を向上させるためにはこれまでの指標だけにとらわれず、新たな指標を経営判断に採り入れる価値はある。上記の指標では「志向力」、「結束力」、「独自性」、「整合性」などを基準にして活動内容を高めるだけでも意味のあることだと考える（一般的な企業の場合、すべての項目を一度に高めることは現実的でなく、重点項目を定めて活動する場合が多い。その場合、前述4指標などが優先的に定められると言われている）。

【注】
(1) アンメットニーズは消費者の潜在的なニーズであり、消費者が言語化することが難しいため、アンケートやインタビューなどの消費者調査で汲み取ることも難しい。したがって、企業や組織がアンメットニーズをインサイト（洞察）する必要がある。

(2)「プロポジション（proposition)」は、ビジネスの文脈で「提案」と翻訳されることが多い。ブランドプロポジションは、ブランドが提供する価値や、その存在意義を言語化したものである。

(3) 家庭外の場所で消費者が接触する広告（例. 屋外看板広告）。

【参考文献】

インターブランドジャパン編著（2017).『ブランディング 7 つの原則（改訂版）—成長企業の世界標準ノウハウ—』日本経済新聞出版社.

デービッド・アーカー（2014). 阿久津聡訳『ブランド論—無形の差別化をつくる 20 の基本原則—』ダイヤモンド社.

小林浩（2018a).「本学ならではの価値の明確化が生き残りのカギに」『リクルートカレッジマネジメント』211、54-59.

小林浩（2018b).『18 歳人口減少！迫られる大学経営改革の実践的方策』(2018 年 7 月 29 日　公益財団法人大学コンソーシアム京都主催　2018 年度 IR フォーラム).

吉武博通（2018).「2030 年を見据えた大学マネジメント」『リクルート カレッジマネジメント』211、38-41.

鹿島梓・鈴木規子（2018).「都道府県別 2030 年の大学を取り巻く状況」『リクルート カレッジマネジメント』211、16-21.

週刊東洋経済（2018).「私大淘汰時代が来る」『週刊東洋経済』2018 年 2 月 10 日号, 40-42.

内閣官房（2017).「人生 100 年構想会議」https://wwwa.cao.go.jp/wlb/government/top/hyouka/k_42/pdf/s3-1.pdf（閲覧日：2023 年 11 月 30 日)

読売新聞（2018).「経営難　私大助成を減額」『読売新聞』(2018 年 1 月 20 日).

朝日新聞（2018).「経営悪化の私大　補助金減」『朝日新聞』(2018 年 1 月 21 日).

日本私立学校振興・共済事業団 (2017).「私学の経営分析と経営改善計画」(平成 29 年 3 月改訂版) https://www.shigaku.go.jp/s_kaizenkeikaku.htm（閲覧日：2023 年 11 月 30 日)

文部科学省（2017).「私立大学等の振興に関する検討会議・議論のまとめ」(平成 29 年 5 月 15 日) https://www.mext.go.jp/b_menu/shingi/chousa/koutou/073/gaiyou/1386836.htm（閲覧日：2023 年 11 月 30 日)

文部科学省（2017).「高等教育の将来構想に関する基礎データ」(平成 29 年 4 月 11 日) https://www.mext.go.jp/b_menu/shingi/chukyo/chukyo4/gijiroku/__icsFiles/afieldfile/2017/04/13/1384455_02_1.pdf（閲覧日：2023 年 11 月 30 日)

リクルートカレッジマネジメント（2018).「小さくても強い大学の『理由』」『リクルートカレッジマネジメント』208、4-5.

上條憲二（2018).「小規模私立大学におけるブランディングの有効性—実践的ブランディングを踏まえての考察—」『日本マーケティング学会 カンファレンス・プロシーディングス』7、118-130.

上條憲二（2022).『超実践！ ブランドマネジメント入門』ディスカヴァー・トゥエンティワン.

索　引

あ行

ICT　　11, 39
アドミッション・ポリシー　　115
アントレプレナーシップ　　iv, 21
意思決定論　　5
インサイト　　106, 107
インナーブランディング　　73, 105, 113
FD　　13, 26, 108
エンプロイアビリティ　　27, 29

か行

カーニング　　41, 42
学習指導要領　　7, 9, 11, 20
学歴代替雇用　　8, 10, 30
カリキュラム・ポリシー　　115
起業　　1, 3, 11-13, 19-21, 27, 31-35, 37
起業教育　　iv, 3, 6, 10, 11, 17, 19, 31, 32, 37
キャリア教育　　4, 10, 23, 31, 33, 35
競合　　107, 113, 114
クラウドファンディング　　85
クレド　　112-115
経営学教育　　3-5, 10, 15, 21
経営学理論　　3, 4, 15
経営者　　iii-v, 1, 3, 5-7, 12, 13, 17-19, 21, 29, 32, 39, 73, 106
継続教育　　3, 34
ケースメソッド　　13
高度成長期　　1, 17, 18, 37

さ行

産学連携　　iv, v, 1, 31, 34, 55, 58, 61, 66, 71, 72, 75, 85-89, 91-94, 97, 99-103
資格過剰　　23-25
市場スラック　　10
社会人基礎力　　23, 27-30, 35
社会的資本　　6
シュタイナー教育　　82
純粋想起　　109
商工会議所　　85
ステークホルダー　　v, 52, 106, 108-110, 115, 116
生成AI　　44, 45
専門職大学　　26, 27, 33, 35, 68
専門職大学院　　4, 14, 18, 26, 71
専門職短期大学　　26, 27
総合的な探究の時間　　1

た行

大学改革　　iii, 26, 30, 108
大学経営　　iii, iv, 108, 114, 117
ダイバーシティ　　92, 103
タイポグラフィ　　40, 49
田中ビネー式知的検査　　83
知的障碍者　　93
ディプロマ・ポリシー　　115
デザイン思考　　iv, 31, 37, 38, 45, 46, 48, 51-56, 60, 65-69, 101

な行

人間力　　23, 25‐27, 35, 38
認証評価制度　　14

は行

PBL　　28, 31, 53‐56, 58, 60, 61, 64‐67, 71
ビジュアルアイデンティティ　　110, 111
ファシリテーター　　13, 53
VI　　111, 112
フィールドワーク　　13
ブランディング　　39, 76, 79, 84‐86, 97,
　　105‐110, 112‐115, 117
ブランド　　iv, 8, 9, 15, 73, 105‐117
ブランドエンゲージメント　　115
ブランドコンセプト　　105, 107, 110‐115
ブランドシンボル　　111, 113
ブランドプロポジション　　107, 117
フレーミング　　52, 55, 56, 59
プロジェクト型授業　　38, 48, 102
プロトタイピング　　54‐56, 59‐61,
　　64‐67
ホワイトカラー　　24

ま行

マネジメント教育　　3‐5, 13, 14, 17, 18,
　　29, 32, 34
未来人材ビジョン　　29‐31, 35
モンテッソーリ教育　　82

や行

ら行

リーダーシップ教育　　iv, 31, 32, 67

愛知東邦大学　地域創造研究所

　愛知東邦大学地域創造研究所は 2007 年 4 月 1 日から、2002 年 10 月に発足した東邦学園大学地域ビジネス研究所を改称・継承した研究機関である。

　地域ビジネス研究所設立当時は、単科大学（経営学部 地域ビジネス学科）附属の研究機関であったが、大学名称変更ならびに 2 学部 3 学科体制（経営学部 地域ビジネス学科、人間学部 人間健康学科・子ども発達学科）への発展に伴って、新しい研究分野を包括する名称へと変更した。

　現在では、3 学部 4 学科体制（経営学部 地域ビジネス学科・国際ビジネス学科、人間健康学部 人間健康学科、教育学部 子ども発達学科）となり、さらに研究・教育のフィールドを広げ、より一層多様な形で地域発展に寄与しようとしている。

　当研究所では、研究所設立記念出版物のほか、年 2 冊のペースで「地域創造研究叢書（旧 地域ビジネス研究叢書）」を編集しており、創立以来、下記の内容をいずれも唯学書房から出版してきた。

・『地域ビジネス学を創る——地域の未来はまちおこしから』（2003 年）

地域ビジネス研究叢書
・No.1『地場産業とまちづくりを考える』（2003 年）
・No.2『近代産業勃興期の中部経済』（2004 年）
・No.3『有松・鳴海絞りと有松のまちづくり』（2005 年）
・No.4『むらおこし・まちおこしを考える』（2005 年）
・No.5『地域づくりの実例から学ぶ』（2006 年）
・No.6『碧南市大浜地区の歴史とくらし——「歩いて暮らせるまち」をめざして』（2007 年）
・No.7『700 人の村の挑戦——長野県売木のむらおこし』（2007 年）

地域創造研究叢書
・No.8『地域医療再生への医師たちの闘い』（2008 年）
・No.9『地方都市のまちづくり——キーマンたちの奮闘』（2008 年）
・No.10『「子育ち」環境を創りだす』（2008 年）
・No.11『地域医療改善の課題』（2009 年）

・No.12『ニュースポーツの面白さと楽しみ方へのチャレンジ——スポーツ輪投げ「クロリティー」による地域活動に関する研究』（2009 年）
・No.13『戦時下の中部産業と東邦商業学校——下出義雄の役割』（2010 年）
・No.14『住民参加のまちづくり』（2010 年）
・No.15『学士力を保証するための学生支援——組織的取り組みに向けて』（2011 年）
・No.16『江戸時代の教育を現代に生かす』（2012 年）
・No.17『超高齢社会における認知症予防と運動習慣への挑戦——高齢者を対象としたクロリティー活動の効果に関する研究』（2012 年）
・No.18『中部における福澤桃介らの事業とその時代』（2012 年）
・No.19『東日本大震災と被災者支援活動』（2013 年）
・No.20『人が人らしく生きるために——人権について考える』（2013 年）
・No.21『ならぬことはならぬ——江戸時代後期の教育を中心として』（2014 年）
・No.22『学生の「力」をのばす大学教育——その試みと葛藤』（2014 年）
・No.23『東日本大震災被災者体験記』（2015 年）
・No.24『スポーツツーリズムの可能性を探る——新しい生涯スポーツ社会への実現に向けて』（2015 年）
・No.25『ことばでつなぐ子どもの世界』（2016 年）
・No.26『子どもの心に寄り添う——今を生きる子どもたちの理解と支援』（2016 年）
・No.27『長寿社会を生きる——地域の健康づくりをめざして』（2017 年）
・No.28『下出民義父子の事業と文化活動』（2017 年）
・No.29『下出義雄の社会的活動とその背景』（2018 年）
・No.30『教員と保育士の養成における「サービス・ラーニング」の実践研究』（2018 年）
・No.31『地域が求める人材』（2019 年）
・No.32『高齢社会の健康と福祉のエッセンス』（2019 年）
・No.33『持続可能なスポーツツーリズムへの挑戦』（2020 年）
・No.34『高齢者の保健・福祉・医療のパイオニア』（2020 年）
・No.35『少子高齢社会のヒューマンサービス』（2022 年）
・No.36『「地域がキャンパス！」の実現に向けて——スポーツ・健康×まちづくりへの挑戦』（2023 年）
・No.37『教員養成におけるアクティブ・ラーニングの実践研究』（2024 年）

　当研究所ではこの間、愛知県碧南市や同旧足助町（現豊田市）、長野県売木村、豊田信用金庫などからの受託研究や、共同・連携研究を行い、それぞれ成果を発表しつつある。研究所内部でも毎年5～6組の共同研究チームを組織して、多様な角度からの地域研究を進めている。本報告書もそうした成果の1つである。また学校法人東邦学園が所蔵する、9割以上が第二次大戦中の資料である約1万4,000点の「東邦学園下出文庫」も、2008年度から愛知東邦大学で公開し、現在は大学図書館からネット検索も可能にしている。

　そのほか、月例研究会も好評で、学内外研究者の交流の場にもなっている。今後とも、当研究所活動へのご協力やご支援をお願いする次第である。

執筆者紹介

榎澤 祐一（えのさわ ゆういち）
嘉悦大学 経営経済学部 経営経済学科 准教授。前・愛知東邦大学 経営学部 地域ビジネス学科 専任講師（2021年4月～2023年3月）。専門は消費者行動論、マーケティング論。レコード会社勤務後にゲーム企業で音楽ビジネス子会社の創業・役員を経る。現在は大学教員、大学の新入生募集のための広報宣伝、企業の新規事業支援に従事。博士（経営管理）。
（編集、本書の狙い、第1章、第2章、第4章（共著）、第5章（解説）、第Ⅰ・Ⅱ・Ⅲ部解題を担当）

谷口 正博（たにぐち まさひろ）
愛知東邦大学 経営学部 地域ビジネス学科 准教授。専門はデザイン学、エンターテイメント情報学。映像系デザイン業務を複数企業で手掛けた後、美術系大学専任教員を経て現職。自ら設立したデザイン制作会社役員を兼任。クリエィティブ・デザイン思考、技法を取り入れた経営教育と産学連携、社会活動に従事する。芸術工学修士。
（第3章、第4章（共著）を担当）

大平 里香（おおひら りか）
愛知東邦大学 経営学部 非常勤講師。愛知淑徳短期大学 国文科卒。彫刻家・高村光太郎の智恵子抄について専攻。創作活動を求め、卒業後はブライダルフラワー事業に携わり、会場装花や仕入れを経験。それを踏まえ、知育玩具の開発に着手。自身の置かれた環境と知識を統合し、（株）ジナゾルにて企画販売業を展開している。
（第5章を担当）

上條 憲二（かみじょう けんじ）
愛知東邦大学 経営学部 地域ビジネス学科 教授。外資系広告会社、ブランドコンサルティング会社を経て現職。専門はブランド論、広告論。日本ブランド経営学会会長、日本マーケティング学会評議員。著書に『ブランディング7つの原則』（日本経済新聞出版社／共著）、『超実践！ブランドマネジメント入門』（ディスカヴァー・トゥエンティワン／単著）など。
（第6章を担当）

地域創造研究叢書 No.38

大学学部での経営教育
―「主体性」や起業をどう教えるのか？―

2024年3月31日　第1版第1刷発行

編　者――愛知東邦大学　地域創造研究所

発　行――有限会社　唯学書房

　　　　　〒113-0033　東京都文京区本郷1-28-36　鳳明ビル102A
　　　　　TEL　03-6801-6772　　FAX　03-6801-6210
　　　　　E-mail　yuigaku@atlas.plala.or.jp
　　　　　URL　https://www.yuigakushobo.com

発　売――有限会社　アジール・プロダクション

装　幀――米谷　豪

印刷・製本――中央精版印刷株式会社